細野観光

1969 - 20

細野晴臣デビュー50周年記念展
細野観光 1969 – 2021
HOSONO SIGHTSEEING 1969 – 2021

会期｜2021年11月12日（金）～12月7日（火）
会場｜グランフロント大阪・イベントラボ
主催｜「細野観光 1969 – 2021」実行委員会
監修｜ミディアム

「細野観光 1969-2021」展は、音楽家・細野晴臣デビュー50周年を記念した展覧会です。

細野晴臣氏の50数年の音楽活動は、さまざまな音楽に刺激を受け、興味の赴くまま自由に音楽のジャンルを横断しています。近年は時代や国境を超えた音楽家として、その評価が世界的に高まっています。

細野晴臣氏は、終戦直後の1947年東京に生まれ、幼少期よりアメリカのカルチャーに影響を受けてきました。1969年プロデビュー、翌年「はっぴいえんど」を結成し、日本語ロックの礎を築きます。1973年にソロ活動を開始し、フォーク、ロック、エキゾティックサウンドなどの作品を発表、1978年には「イエロー・マジック・オーケストラ（YMO）」を結成し、テクノポップサウンドで世界に衝撃を与えました。また、歌謡界での楽曲提供を多数手掛け、プロデューサー、レーベル主宰者としても活動。YMOの散開後は、ワールドミュージック、アンビエント、エレクトロニカなどを探求し、現在は、作曲、プロデュース、映画音楽など活動は多岐にわたります。

本展は、細野晴臣氏のデビュー50周年の軌跡を、「憧憬の音楽」、「楽園の音楽」、「東京の音楽」、「彼岸の音楽」、「記憶の音楽」という5つの年代から巡るビジュアル年表を中心に、音楽、写真、映像、ギター、世界各地の楽器コレクション、音楽ノート、ブックコレクション（細野文庫）などを通して体験いただく展覧会です。細野晴臣氏の自由な魅力が溢れる観光を存分にお楽しみください。

本展を開催するにあたり、多大なるご尽力をいただきました細野晴臣氏、株式会社ミディアム、ご支援ご協力いただきました関係各位、ミュージシャン、写真家の皆さまへ、厚く御礼申し上げます。

主催者

目次

MESSAGE FROM HOSONO

細野観光へいらっしゃいませ。
私、細野は町の音楽家として70余年、
港区白金で生きてきました。
気は弱いのに意志が強い、
心は広いが部屋は狭い、
仕事は遅いが脈は速い。
そんな一介の高齢音楽家の人生絵巻。
長きにわたる生活に決着をつけるべく、
ここに展覧する運びとなりました。
楽しんでいただければ幸いです。

細野晴臣

細野さんと僕

星野 源

高校生だった頃、『HOSONO HOUSE』や〝トロピカル3部作〟を聴いて、大きな衝撃を受けました。そして自分も音楽を作るようになって、その衝撃を自分のフィルターを通して表現できないかと思い、今みたいな曲の作り方になりました。

初めの頃、細野さんの音楽に対して僕が抱いていたのは、すごく複雑なのにポップでシンプルに聴こえる音楽だな、というイメージです。ものすごく普通じゃないことをしているのに、楽しく聴けたり、切なく聴こえたり、心に真っ直ぐ届いてきたりする。それが細野さんの楽曲の特徴だと思っていました。

だから細野さんに「星野くんの楽曲は複雑すぎてわからない」と言われた時は、いや、これはあなたからの影響ですって（笑）。例えば「Mad Pierrot」などは、どれだけコードが変わるかわからない曲だし、リズムも真似しようと思って真似できるほど単純なものではない。でもそんな「Mad Pierrot」が僕は大好きで、何度も何度もくり返し聴き、強く影響を受けました。それなのに今の細野さんは、僕の曲を聴いて「なんであんな複雑なことができるの？」って。その言葉をそっくりそのままお返ししたいです（笑）。

音楽を聴いていても、お話をしていても、細野さんにはユーモアと恥じらい、品というものがあって、それが音楽にも人にも一貫して宿っている気がします。人間性と言うんですかね。僕は音楽の中にも人間性が宿るし、それが感じられると思っていて、そういった人間性を、細野さんの音楽からも、実際の細野さんからも感じ取ってきました。だから人間的な部分、ハートの部分でも細野さんにはすごく影響を受けています。

そんな細野さんが50周年……あらためてすごいですよね。細野さんはこの50年の間にさまざまなことをやってきて、いろいろなジャンルに取り組み、素晴らしい音楽をたくさん生み出してきました。でもその都度何かに挑戦してきたという印象はなくて、どの時期も、自分の感覚で作品を残してきた人だなと思います。流行りに流されてきたわけではなく、興味のあるものがどんどん出てきて、それにひとつひとつ向き合っていたら、結果的にいろいろなことをやっていた。自分のセンスの赴くままに生きてきた結果、気が付いたら今こうなっていた、というような感覚なのだと思います。

そういう人は、普通ならもっとマイナーな人になっていたり、もっとマニアックな人になっていたりして、こんなに多くの人たちに影響を与えられないような感じがします。でも細野さんは日本の音楽を大きく変えてきました。やはり細野さんは選ばれた人なんでしょうね。お手本にしても誰もが同じようになれるわけではないし、そもそもお手本にしていいわけではないと言いますか。

でも高校生の時に初めて聴いて、ずっと遠い存在だと思っていた細野さんが、さまざまなお仕事をご一緒するようになって、今はより身近な存在になっている。それが何より嬉しいし、感慨深いです。50周年を経ても、今までと変わらないスタンスで音楽を続けていっていただきたいですが、最近は体のことを気に掛けて、大好きな揚げ物を控えているようなので、もっと好きなように食べてもらえたらいいな。そんなことを言ったら怒られますかね、「僕はまだおじいちゃんじゃないよ」って（笑）。でも今後も細野さんには本当に自由に音楽をやっていただきたいです。まわりにいる僕らが、その偉大な功績をちゃんと広めていきますから。

撮影／前康輔 『TV Bros.』2018年6月号（東京ニュース通信社）

細野晴臣 年譜

◎本年表では、細野晴臣による初出の楽曲・音源を中心に掲載し、既出曲のシングル盤、ベスト盤、オムニバス盤などは割愛した。
◎書籍も同様に初版を中心に掲載し、再版は割愛した。
ディスクガイド執筆：松永良平（24p～98p）／森朋之（108p～136p）／渡辺克己（137p～204p）

1947～1968

"EARLY HISTORY"

ホソノ前史

1947年7月9日、細野晴臣は東京都港区に生まれる。多くのSPレコードに囲まれて育ち、中でも太鼓がドンドコ鳴る「太鼓のレコード」は、3、4歳だった彼の心を鷲づかみにした。後にそれがビッグ・バンドによるブギウギのレコードだったことがわかる。音楽以外にも映画、漫画、落語など、幅広く関心を寄せる少年だったが、小学5年生の時、ラジオの深夜放送に目覚め、中学校入学時にステレオを購入。さらに中学1年生のクリスマスにギターを購入し、中学校の仲間たちとバンド演奏を始めると、細野は音楽に深くのめり込んでいく。

1947〜1968

昭和22年（0歳）〜昭和43年（21歳）

映画と漫画と落語好きの少年、音楽に目覚める。

1947　昭和22年（0歳）
7月9日：東京都港区白金に生まれる

1952　昭和27年（5歳）
4月：白金幼稚園に入園

1954　昭和29年（7歳）
4月：港区立白金小学校に入学

1955　昭和30年（8歳）
冬からピアノの練習を始める

1960　昭和35年（13歳）
4月：港区立青山中学校に入学
12月：アコースティック・ギターを買ってもらう

1961　昭和36年（14歳）
バイトをしてエレクトリック・ギターを購入

幼少期に遊んだおもちゃ

「何しろ子供のころの僕の一番の贅沢な時間というのは、本を読む時間でもないし、遊んでいる時間でもなくて、例えば冬だったらこたつに入って、やかんをチンチンいわせながら真空管のラジオで落語を聴くことだったんです。寝ながら（笑）。いまだにそれは好きかもしれない」

（『THE ENDLESS TALKING 細野晴臣インタビュー集』北中正和 編／筑摩書房／1992年）

左は級友の顔を彫った板。右は紙粘土壺。1年5組ホソノの銘あり

「小学生の頃から『おじいちゃん』っぽかった。町医者に『過労』と言われてがっくりきた。生まれて十何年しかたっていないのに、自分は過労なんだ、と」

（「地球の音」細野晴臣／WEBマガジン「考える人」2017年冬号／新潮社）

初のバンド「ブレッツメン」結成

1963　昭和38年（16歳）
4月：私立 立教高等学校（現・立教新座高等学校）に入学
「オックス・ドライヴァーズ」に参加

1964　昭和39年（17歳）
音楽部に入部、フォーク・グループ「パンプキンズ・フォー」結成

1966　昭和41年（19歳）
4月：私立 立教大学社会学部産業関係学科に入学
「サブタレニアン・ホームシッカーズ」結成
「トリップ」に参加
学生企画集団「SCAP」の柳田優に誘われ「ドクターズ」に加入

1967　昭和42年（20歳）
細野晴臣&奥山有子　自主制作シングル「夏の日の海が（夏の日の海が青いぞ！）」に参加

1968　昭和43年（21歳）
中田佳彦、大瀧詠一と勉強会を開始し「ランプポスト」を結成
春頃：松本隆の推薦で「バーンズ」に参加（後にアンティック・マジシャンズ・アンノウン・バンドと改名、初のオリジナル曲を松本・細野コンビで作る）
鈴木茂、林立夫とセッション・バンドを結成（「スージー・クリームチーズ」など名称多数）

フォーク・グループ「オックス・ドライヴァーズ」の頃

子供時代に使った鉱石標本

自宅近くの東京大学医科学研究所にて

「とにかくぼくは、これだと思ったら何回でもくりかえして聞くからね。聞きたくなくなるまで聞くの。なにごとかがわかるまでね。ビーチ・ボーイズも、ディランも、サイモン&ガーファンクルも、ぼくはそういうふうに聞いてきたし。なにかがわかったら、もう聞く必要はないんだ。レコードを聞く快感っていうのは、なにかわからないものがあるから、なにかエタイの知れないものがあるから感じられるんだよ。それがあるからこそ、いつまでも聞いていられるんだ」

（『音楽王 細野晴臣物語』前田祥丈 編／シンコーミュージック／1984年）

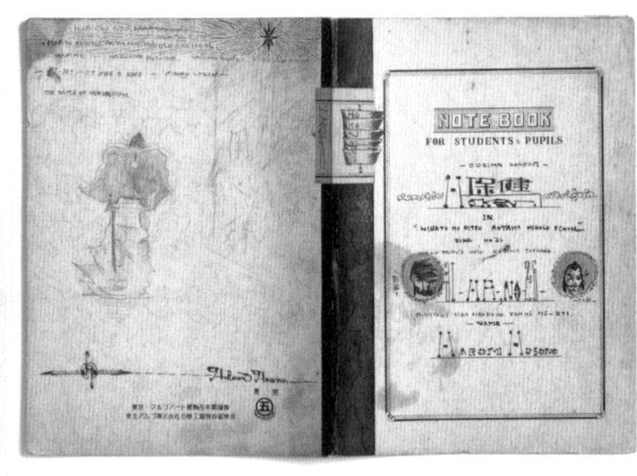

子供の頃から漫画好きで、いたずら描きが趣味だった。高校時代は西岸良平（漫画家、『三丁目の夕日』の作者）と同級生で、互いに漫画を描き合う仲に。お気に入りは白土三平の忍者漫画で、強い影響を受けていた。左は細野と西岸らの共作漫画『洞穴』。17ページ左下の「あとがき」原稿は西岸が書いたもので「立教一の奇人マンガ家細野晴臣先生」の記述あり

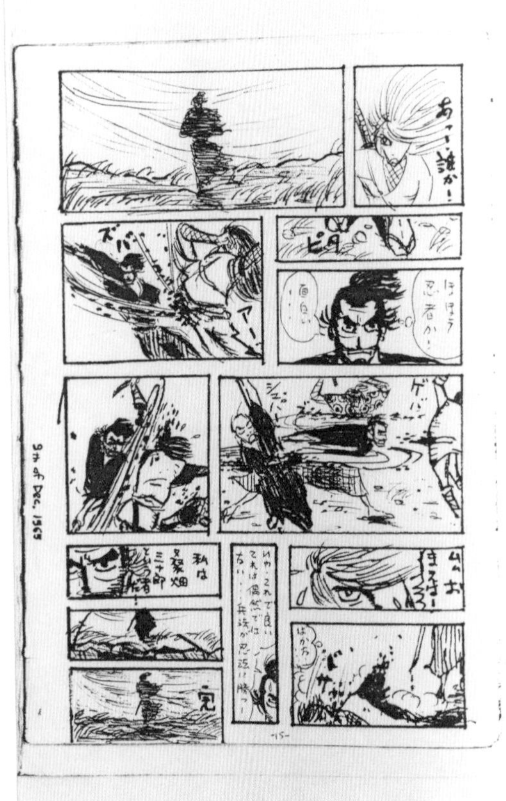

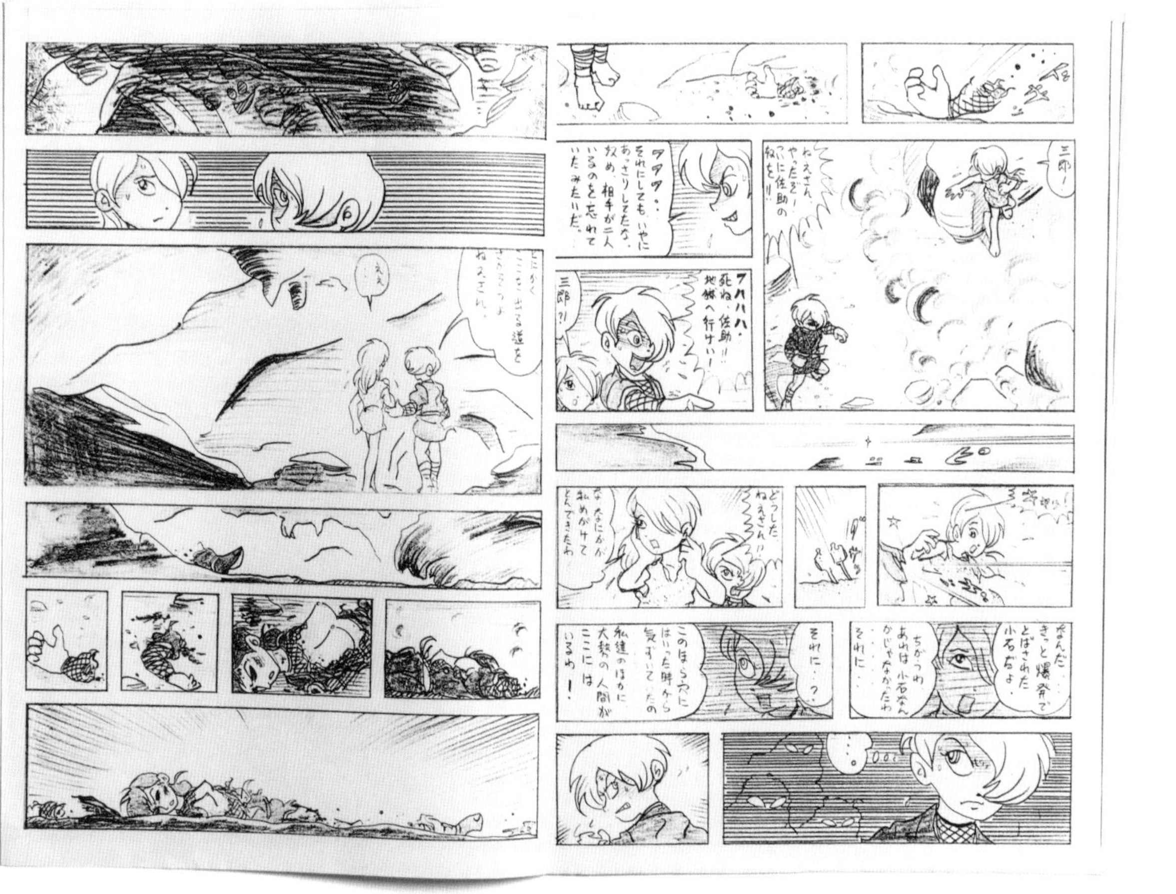

三郎!
ねえさん、やったぞ!ついに佐助の奴を!!
アアア…それにしても いやに あっさりしたな。奴め、相手が二人いるのを忘れていたみたいだ。
ワハハハ 死ね、佐助!! 地獄へ行けい!!
三郎?!
どうしたねえさん!!
なんだか とんできたわ
なんだ きっと爆弾でとばされた小石だよ
ちがうわ あれは小石なんかじゃなかったわ
それに…
それに…?
このほら穴に はいった時から 気がついてたの 私達のほかに 大勢の人間が ここにいるわ!
…。
ええ
とにかく ここから出る道を さがそう ねえさん。

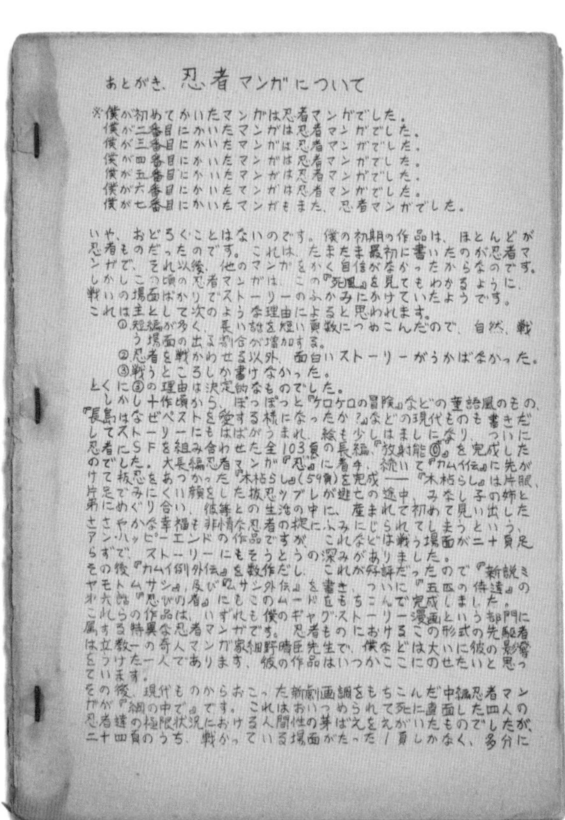

あとがき、忍者マンガについて

※僕が初めてかいたマンガは忍者マンガでした。
僕が二番目にかいたマンガは忍者マンガでした。
僕が三番目にかいたマンガは忍者マンガでした。
僕が四番目にかいたマンガは忍者マンガでした。
僕が五番目にかいたマンガは忍者マンガでした。
僕が六番目にかいたマンガは忍者マンガでした。
僕が七番目にかいたマンガもまた、忍者マンガでした。

いや、おどろくことはないのです。僕の初期の作品は、ほとんどが忍者ものだったのです。これは、たまたま最初に書いたのが忍者マンガで、それ以後、他のマンガをかく自信がなかったからなのです。しかしこの頃の忍者マンガは、この『死風』を見てもわかるように、戦いの場面ばかりでストーリーのふかみにかけていたようです。これは主として次のような理由によると思われます。
①短編が多く、長い話を短い頁数につめこんだので、自然、戦う場面の出る割合が増加する。
②忍者を戦わせる以外、面白いストーリーがうかばなかった。
③戦うところしか書けなかった。
とくに③の理由は決定的なものでした。
しかし十作頃から、ぽつぽつと『ケロケロの冒険』などの童話風のもの、『長島はなぜベストを愛する様になったか?』などの現代ものも書きだしてストーリーにもはばがうまれ、絵も少しはましになり、ついに忍者にSFを組み合わせた全103頁の長編『放射能⓪』を完成したのでした。大長編忍者マンガ『忍』に着手、続いて『カムイ伝』に先がけて抜忍をあつかった『木枯らし』(59頁)を完成――『木枯らし』は片眼、片足でみにくい顔をした抜忍ツブレが逃亡の途中、みなし子の姉と弟にめぐり合い、彼等との生活の中に、産まれて初めて見い出したささやかな幸福も非情な忍者の掟にふみにじられてしまうという、アン・ハッピーエンドの作品ですが、これなどは戦う場面が二十頁足らずで、ストーリーにもそうとうの深みがありました。
その後『カムイ例外伝』を数作だし、これが好評だったので『新説ミヤモトムサシ』、及び『ムサシ外伝』を書き、ついに『五匹の侍達』の才六話『忍びの者』にもこのムードをもちこんで完成しました。
これらの作品は、いずれも僕のギャグ・ストーリー漫画という部門に属する特異な忍者マンガです。忍者ものにおけるこの形式の先駆者は立教一の奇人マンガ家細野晴臣先生で、僕などは大いに彼の影響をうけた一人であります。彼の作品はいつかここにのせたいと思っています。
その後、現代ものからおこった新劇画調をもちこんだ中編忍者マンガが『網の中で』です。これはおいつめられて死に直面した四人の忍者達の極限状況における人間性の芽ばえをえがいたものでしたが、二十四頁のうち、戦かっている場面がたった1頁しかなく、多分に

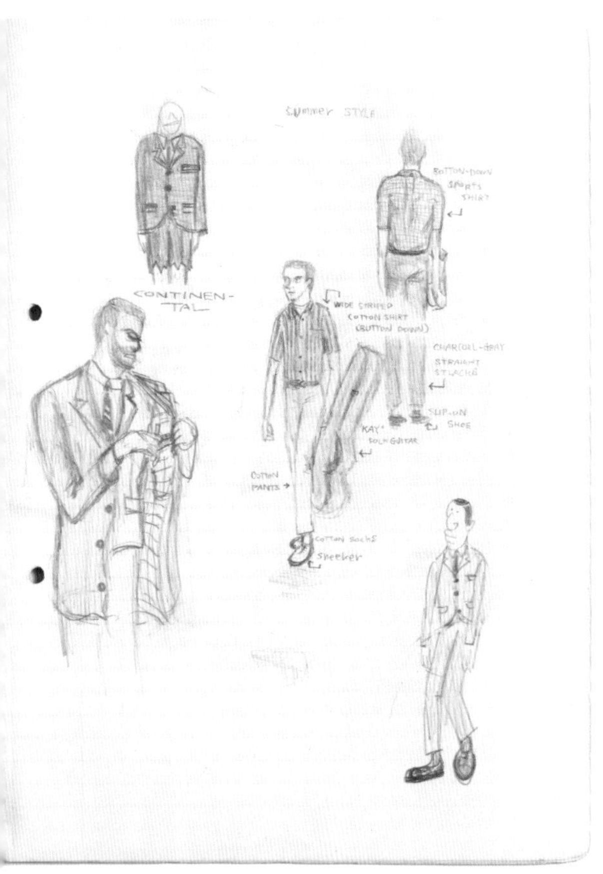
Summer Style
BUTTON-DOWN SPORTS SHIRT
CONTINEN-TAL
WIDE STRIPED COTTON SHIRT (BUTTON DOWN)
CHARCOAL-GRAY STRAIGHT SLACKS
SLIP-ON SHOE
KAY FOLK GUITAR
COTTON PANTS
COTTON SOCKS
Sneeker

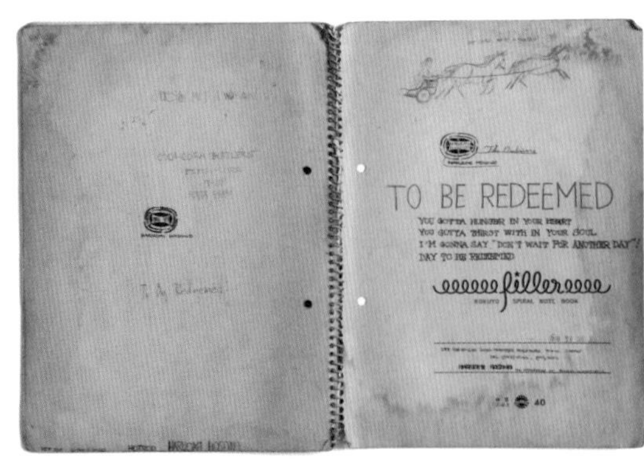
TO BE REDEEMED
YOU GOTTA HUNGER IN YOUR HEART
YOU GOTTA THIRST WITH IN YOUR SOUL
I'M GONNA SAY "DON'T WAIT FOR ANOTHER DAY"
DAY TO BE REDEEMED
filler
KOKUYO SPIRAL NOTE BOOK
40

DINAMICK

GET AWAY !!!
BAR SHINOMI 6 PM~2AM

COLOUR PHOTOGRPH
filler
KOKUYO SPIRAL NOTE BOOK
HARUOMI HOSONO MEL
MEMORIES OF THE GOLDEN HITS Vol.2
BANDS FOR THE DANCERS
DRIVING MEN
SANKO-CHO
SHIB-SHIROKANE
MINATO-KU TOKYO
JAPAN
40

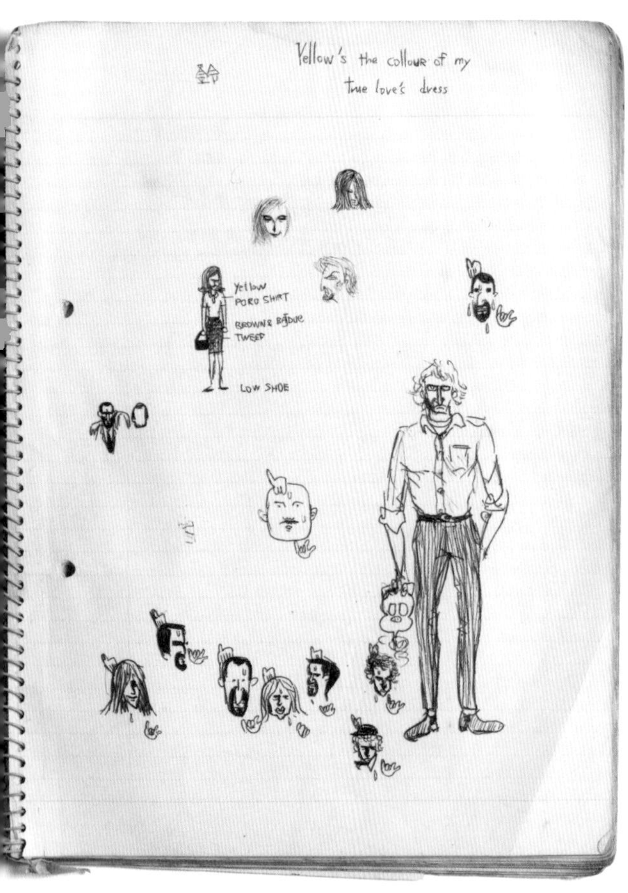
Yellow's the colour of my true love's dress
Yellow PORO SHIRT
BROWN & BEIGE TWEED
LOW SHOE

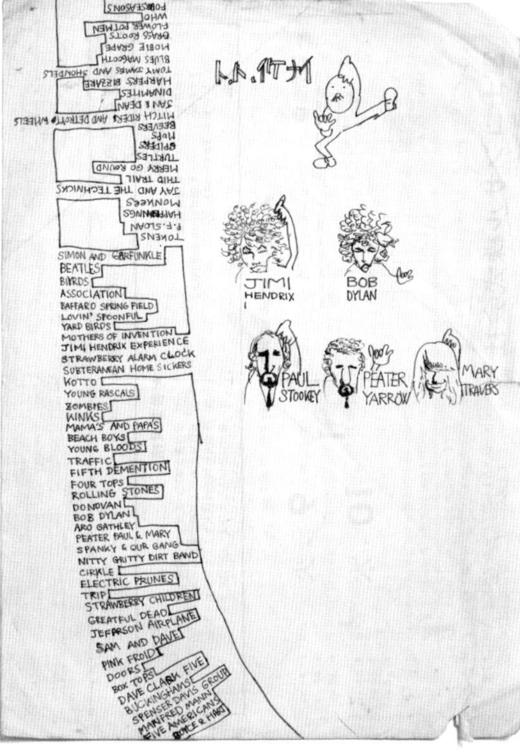

漫画に限らず、さまざまなイラストや人物画なども描いた。当時、流行していたアイビーファッション的なスケッチやフォーク、ロックグループについてなど、アメリカン・カルチャーからの影響が窺える

√COLOMBUS STOCKADE BLUES (GEOGEA STOCKADE) •
√GROLIOUS KINGDOM • √AH WOE, AH ME • COMIN' FROM THE MOUNTAIN
THIS LITTLE LIGHT • √SOMEDAY SOON • √MIDNIGHT SPECIAL • √SINNER MAN
OX DRIVIN' SONG • WEEPIN' WILLOW • √NEW FRONTIER • √GREEN BACK DOLLAR
ALLY ALLY OXEN FREE • TURN AROUND • TO BE REDEEMED • √SING OUT
√MICHAEL • THOSE WHO ARE WISE • JACKSON • IF I HAD A HAMMER
ROCK ISLAND LINE • √CHILLY WINDS • OH MISS MARY • TOM DOOLEY
JESSI JAMES • REUBEN JAMES • THE BALAD OF THE THREASHER
ADIOS FAREWELL • LOVE COMES A TRICKLIN' DOWN • I'M GOING HOME
SO, FARE THEE WELL • MY RAMBRIN' BOY • GOTTA TRAVEL ON • ONE MORE TOWN
THE BATTLE OF THE NEWORLINS • WALK RIGH IN • IF I HAD MY WAY
EARLY IN THE MORNIN' • WHISTLIN' GIPSY • ANN • SALTY DOG • LA BAMBA
DON'T LET THE RAIN COME DOWN • THIS TRAIN • MIDNIGHT TRAIN
THE FIRST TIME • MALCELLA VINE • JESUS MET A WOMAN • HOBO'S LALLBUY
THE TIME THEY'RE CHANGE • A 'SOALIN' • BUDDY BETTER GET ON The TRAIN
MACHIBOKE • THESE 7 MEN • IF YOU DON'T LOOK AROUND • 500 MILES
COAL TATTOO • NO ONE TO TALK MY TROUBLE TO • HARD TRAVELIN'
SEASONS IN THE SUN • ISLAND IN THE SUN • DENVER • COO-GA-GEE
BILLY GOAT HILL • PATORIOT GAME • HONEY ARE YOU MAD? • KARU
OKEN-CA-RANGA • ORFE • THE REVERLAND MR. BLACK • DESERT PETE
INDIAN MADEN • LITTLE SOLDGER • SOUTH WIND • BIG BALL IN TOWN
SCOTCH & SODA • WHEN MY LOVE WAS HERE • BLOWIN' IN THE WIND.
OH, SAIL AWAY • TWO-TEN SIX-EIGHTEEN • DON'T YOU WEEP MARY
DOGIE'S LAMENT • FAST FREIGHT • DONA DONA • HOOTENANIE SATURDAY NIGHT
ACROSS THE SEA • 4 STRONG WINDS • WALKIN' IN MY LOAD • HUNTER
MY LOAD, WHAT A MORNIN' • SATURDAY NIGHT • RUN COME SEE JERSALEM

Talk About Hosono

松本 隆

僕から見ると、今の細野さんは解放されてるよね。はっぴいえんどの頃は日本語ロックの論争があったりして、細野さんも鎧で自分を固めてたから、あまり自由じゃなかったでしょう？　YMOの頃もそう。どこかYMOを演じてるみたいに見えて、やりたいことを素直にできてない気がした。僕が「売れる曲を書いてね」って作曲を頼んだら、それだって演じなくちゃいけないじゃない？　まあ、「天国のキッス」には細野さんのポップな本質が出てたと思うけどね。細野さんはA型でさ、すごく真面目な人だから、ずっと大変だったと思うよ。その点は松本隆と違ってね（笑）。でも今の細野さんは好きな曲のカバーをして、やりたいことをやって、全部楽しんでる。今も自分自身とレースしてるわけでさ。立派だよね。僕にとって細野さんは何でも話せるし、構えなくていい、数少ない親友のひとり。親友っていうのは多くて3人だね。そういう人は得難いからさ、人生の中で。

1969年、アンティック・マジシャンズ・アンノウン・バンド。一番左が松本、右から二人目が細野

1969~1973

"THE MUSIC OF ASPIRATION"

憧憬の音楽

幼少期からアメリカのポップス、ロックに親しみ、憧憬を抱いてきた細野晴臣は、中学生になると自らバンド演奏を始め、音楽にのめり込んでいく。1969年、まだ大学生だった頃、サイケデリック・ロックの影響が色濃いエイプリル・フールのベーシストとしてデビュー。しかしメンバー間の方向性の相違から同年解散。細野は音楽仲間として交友を深めていた大瀧詠一、エイプリル・フールのドラマーだった松本隆、セッション・バンドで共に活動していた鈴木茂と新たなバンド、はっぴいえんどを結成する。アメリカのロック・バンド、バッファロー・スプリングフィールドを目標に掲げたはっぴいえんどは、70年、『はっぴいえんど』でアルバム・デビュー。71年、セカンド・アルバム『風街ろまん』を発表し、ロックのサウンドと日本語の歌詞を融合する〝日本語ロック〟を確立した。72年末、同アルバムにおいて音楽的な到達点に達したことからはっぴいえんどは解散。ロサンゼルスでレコーディングを行った『HAPPY END』を73年にリリースし、同年ラスト・ライブを行う。

1969

昭和44年（22歳）

「エイプリル・フール」でデビューした細野元年。

4月：新生「ザ・フローラル」に参加、バンド名を「エイプリル・フール」と命名

10月25日：エイプリル・フール　アルバム『エイプリル・フール』リリース

10月28日：「ヴァレンタイン・ブルー（ばれんたいん・ぶるう）」と命名された新バンドで初ライブ

1月　東大紛争。学生らが安田講堂を占拠し、機動隊導入
4月　民放テレビ局が各地に開局。その後も地方局の開局が続く
6月　日本のGNP（国民総生産）が西ドイツを抜いて世界第2位となる
7月　アポロ11号が人類初の月面着陸に成功。11月には三宇宙飛行士が来日
8月　ニューヨーク州でロック中心の野外コンサート、ウッドストック・フェスティバル開催
10月　国際反戦デーのデモで新宿通りが機動隊によって封鎖される

『エイプリル・フール』

日本コロムビア

1. トゥモロウズ・チャイルド／2. いつか……／3. 人間神話の崩壊／4. 母なる大地 - I／5. タンジール／6. プレジング・マイ・タイム／7. 暗い日曜日／8. 聡明な死が示す怪奇な魅惑的な趣味の象徴／9. 母なる大地 - II

エイプリル・フールは「解散するために結成されたバンド」かもしれない。前身は後期ＧＳのザ・フローラル。1969年４月に細野と松本零（松本隆）が加入し、細野の提案でエイプリル・フールに改名した。英国ロック志向と英語詞にこだわりが強いヒロ柳田と細野・松本が対立し、唯一のアルバムとなる本作がリリースされた同年10月にはすでに解散が決定していた。短い間とはいえ、この経験が細野らに新バンドでの「日本語ロックの新しい表現」を決意させたことは間違いない（当初はボーカルの小坂忠も合流予定だった）。ベースの高い技術以外に細野の個性は見出しにくいが、その後の「影絵」のように重要な作品だといえる。

PAGE 30 ROLLING STONE/MARCH 7, 1970

BY MILT SHAW

Unlike most Japanese rock groups who are content to play rock melodies of the early Sixties, the Apryl Fool lays down a heavy rock sound. Their music is a combination of acid rock and down home blues, neither of which the Fool, nor most Japanese, have had any real contact with. The Japanese have labeled it "art rock"; it poses no threat to their way of life nor is it considered revolutionary.

Although there are a great number of student radical organizations in Japanese universities, chief among them being the Zengakuren, a radical political party, and Beheiren, an anti-Vietnam war organization, they don't march to the drums of hard rock. Their musical fortification comes from a vast number of Japanese folk songs sung at tremendous sing-in's held in Shinjuku's municipal train station plaza. (Shinjuku is one of Tokyo's main entertainment areas and gathering places of hippies whose chief activity is inhaling glue from plastic bags.)

For a country so entrenched in its own traditional music but keenly intent on capturing the modern jazz sounds of America, rock and roll is considered the lowest form of musical accomplishment. This hardly explains why the Japanese call "art rock" what the Columbia Recording Company advertises in Japan as "new rock." But it does indicate that what Japan considers today as rock and roll could be called "old rock." There is a distinction made between the rock of the West and that of the East.

The Japanese version of rock is called "group sounds" and is usually just that. The group members dress identically and usually wear neatly trimmed Beatle mop haircuts. Their music is similar to their appearance, having progressed no further than the early Beatle or Ventures sound. The original music they do produce are love songs and ballads directed to a very young audience.

Although the Japanese complain that they can't understand "art rock," groups like the Doors, Cream, Vanilla Fudge and Jimi Hendrix are popular with a small segment of the Japanese populace under 23. Those over 23 are still singing the folk songs of the Brothers Four, Peter, Paul and Mary and Andy Williams. Even more surprising is the great popularity of rhythm and blues in Japan. A similar unchanging rhythm seems to dominate traditional Japanese dance music. The Japanese can feel rhythm and blues and seem to understand it.

When confronted with what we call rock they are at a loss to communicate the freedom that most Westerners feel in this music. Few Japanese groups have attempted to copy the hard sound, and those who have come from the small hippie element in Japan who have given up the rigid rules that bind Japanese society.

The hippies are usually young people who have dropped out of high school or failed to enter the university through either lack of interest or ability. Their wages are low and the possibility of getting better jobs in any stable form of career is non-existent. The alternative is highly competitive entrance exams to high schools and universities followed by more competitive exams for employment in a company for which he would remain until the retirement age of 55. Once employed by a company few Japanese change jobs. Nor do they take vacations for fear of being replaced by a fellow worker during their absence. This is the bind that the *futenzoku*, hippy tribe, have chosen to ignore.

Although Apryl Fool are not true *futenzoku*, their fates lie on identical paths in Japan's stratified society. The Fool are five guys between the ages of 20 and 22 who have dropped out of five different universities in Tokyo over the past two years. Three of them wear their hair in tangled wavy strands down to their shoulders. And four of them have either mustaches or goatees, *hige*, which aren't popular among the Japanese because of their sparsity of facial hair.

Eiji Kikuchi, the group's 22-year-old lead guitarist, and two other members of the Fool formed the original group almost two years ago. They called themselves the Floral. Kikuchi, who had played four years of classical guitar and had been a member of a Hawaiian band in high school, decided to form a rock group with the help of Chu Kosaka. Kosaka became the group's lead singer and occasional harp player. He had been an economics major at Nichidai University and had sung folk songs in high school.

The third member of the original group whose perseverance at the keyboard has probably held the group together and given it a unique sound in Japan, is Hiroyoshi Yanagida. He learned to play the violin at the age of nine, but as a teenager he began playing folk and rock guitar. The overwhelming drive and versatility with which he plays the organ and the piano overshadows the fact that he has been playing them for only a year.

Before joining the Floral he became a *nagashi*, a Japanese guitar troubador, wandering the streets with his guitar, playing for the customers of small bars and restaurants. Another interesting aspect of Yanagida's musical heritage is that his parents are dance teachers of the Wakayage school of Japanese classical dance.

The Floral's first public performance was as a backup band for the Monkees' Tokyo concert in November of 1968. After the concert the Floral decided they wanted to be famous like the Monkees, but not with an ape sound. They had tried imitating the Doors and were eager to get away from the bubble gum sound of the Monkees and the uniformity of "group sounds." They began to listen and imitate Cream, Moby Grape, Jimi Hendrix, the Band, Buffalo Springfield, Procol Harum and the Byrds.

The drummer and bass preferred the old sound and couldn't lay down heavy rock. When they were replaced earlier this year by two musicians whose universities were on strike, the name of the group was changed to Apryl Fool. "The

アメリカの音楽誌『Rolling Stone』（1970年３月７日号 No.53）に掲載されたエイプリル・フールの記事。メンバーは左から松本零（松本隆）、細野、小坂忠、柳田博義、菊池英二

Harumi Hosono

Chu Kosaka
and (bottom) Hiroyoshi Yanagida

Eiji Kikuchi

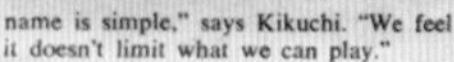

name is simple," says Kikuchi. "We feel it doesn't limit what we can play."

After five months as the Apryl Fool and playing at several small go-go clubs in Shinjuku, the band accomplished one important thing: They independently recorded an album of original "art rock." It was recorded by Kikuchi on an independent label called Musicolor and will be promoted and distributed in Japan by Nippon Columbia Records, the Japanese distributor for Buddah Records. Eight of the nine tunes on the album were written by members of the band. The exception is Bob Dylan's "Pledging My Time." Apryl Fool did not record "Pledging My Time" as a country-western tune, but as a folksy blues version of electronic Dylan.

All of the vocals on the album are sung in English except "The Lost Mother Land — I," "The Lost Mother Land — II," and "Sunday," a folk rock ballad. Kosaka, whose voice is heard on all the cuts, is credited with writing two of the album's songs, "Tomorrow's Child" and "Tanger." Kosaka first writes the songs in Japanese and then takes them to an American hippie friend to translate into "hippie English." This may be a misnomer but he feels there is a discernible difference between the English most western rock singers use and the "straight" English that Japanese learn in high school. The only difference between the "hippie English" that Kosaka has heard in lyrics by the Beatles, the Doors, Canned Heat and Blood, Sweat and Tears, and that taught in high school is that the words may have different meanings and may be placed in a different order to create sentences with entirely new meanings. But whether or not Kosaka understands the meaning behind his songs (which have been translated into "hippie English"), he sings them with drive and feeling.

Of the two songs written by Kosaka, "Tomorrow's Child" is the most distinctive. The title sounds like something Jim Morrison might have thought up. It could be a Doors tune or a Vanilla Fudge composition but it isn't. It begins with a fast buildup that leads into a slow one-line melody carried by the organ. Some of the best lead guitar and drums on the album can be heard on this cut. Occasionally Kosaka's inflection is identical to Morrison's, but at other times there's a hint of Dylan's midwestern twang in his voice. "Tomorrow's Child" is a lament of an imaginary child who was born in a myth but realizes that the myth is fiction. Because he can not understand the mystery of life, the reason for his existence, he disappears into the myth from which he was born.

"Lost Mother Land" is best described as the combined sounds, or parts of sounds, of Procol Harum, Jimi Hendrix and Vanilla Fudge. Kosaka sings in Japanese on this cut but the fuzztone vocal makes the words undiscernible. The vocal fades in and out entwined with the steady pulsating whine of the organ until both reach a frenzied crescendo and fade out. A short, uncomplicated waltz fades in to finish the tune.

"Lost Mother Land" was written by drummer Rei Matsumoto and Kikuchi. According to a promotional pamphlet on the Fool and their record, Matsumoto is expressing in "Lost Mother Land" a distaste for the congestion he finds in the world today. Traffic jams, over population, the stars we can't see in a polluted sky. There is nothing green in the cities, nowhere for children to play. "Lost Mother Land" is a cry to return to nature. Matsumoto sees human life broken, destroyed by the modern mechanized world. The world will come to an end but not by nuclear holocaust. It will be a quiet end. He finally proposes that each person will have to decide for himself how to solve the problems of self-destruction.

Each weekend the Fool plays at a small Shinjuku go-go club about the size of San Francisco's Matrix. They choose to play the popular numbers of Canned Heat, the Doors, the Beatles, the Band or Moby Grape rather than original material. However, they sometimes get together and jam for an entire 20-minute set.

The club is never crowded like most go-go clubs in the area which feature rhythm and blues bands or records. The young people who do come to the club are either curiosity seekers or young hippies who sit or stand motionless around the walls with expressionless faces. It is difficult to tell whether these young people feel anything from the music or understand it. They seldom dance, or smile, or exert any outward physical motion to the loud exuberant sound of the Fool as it thunders and crashes through the tiny club bounding from wall to wall, from ceiling to floor, looking for an answer in the dark hollow cavern. The Fool understands the indifference they receive from their audiences. Kikuchi says the Japanese passivity is the result of their social and cultural upbringing. But this doesn't seem to affect the group's playing.

Like many American rock groups, they have recorded before they were ready, experimenting in a musical field that has no audience in Japan. However, if they had waited any longer there may have been no Apryl Fool to record. Kosaka left the group last October to begin rehearsals for the Japanese version of *Hair*. (The entire production will be translated and performed in Japanese. And if any of the actors take off their clothes on stage, it will be against the order of the Tokyo police department.) Yanagida wants to begin his own group, and Matsumoto and bassist Harumi Hosono want to leave the group to return to the country-western-folk bag. Kikuchi is struggling to keep his unique, experimental band together against these odds. If it were not for the inevitable departure of Kosaka, a strong drummer might save the band.

Even though the type of music Kikuchi's band plays is called "art rock" in Japan, jazz fans do not consider it aesthetic enough to be performed in jazz concerts, and in no way in conjunction with jazz instruments or instrumentation. Japanese jazz musicians are increasingly becoming interested in avant garde jazz as witnessed by such native groups as the George Otsuka Trio, the Takeo Moriyama Trio and New Directions whose sounds remind one of Charles Lloyd, John Coltrane and Gary Burton.

Kikuchi is also a jazz fan and finds Gary Burton and Larry Coryell inspiring. But although one of his favorite groups is Blood, Sweat And Tears, he sees the prospects of adding a brass section to Apryl Fool next to impossible. There are no accomplished hornmen between the ages of 17 and 23. If there were, says Kikuchi, they would not be interested in playing rock. Japanese jazz musicians are interested in playing only pure jazz.

When asked if the groupie phenomenon of the United States exists in Japan, Kikuchi explained that it is nonexistent in Japan, where the average age of a "group sounds" or rock fan is 14 or 15. There is no prestige in balling anybody, let alone a rock star, and most girls don't think of sex until they get married. On the contrary, virginity is as highly prized by a Japanese girl as her certificates in flower arranging, tea ceremony and Japanese classical dance. Above all else, it is these attributes that a man takes into consideration when his bride is selected for the customary arranged marriage in Japan. But it is unlikely that any member of Apryl Fool will settle for the arranged marriage that these presumptuous values prescribe. Like the futenzoku, they are searching for a humane brotherhood, and they have discovered a new freedom and a new form of music in which they can express it.

「『エイプリル・フール』は、芯のない音をしている(笑)。でも、できたときは、ものすごく興奮したよ、かっこいいいって。大瀧(詠一)に聴かせたりして……自慢しちゃったりして(笑)」

(『HOSONO BOX 1969-2000』ブックレット/RE-WIND RECORDINGS/2000年)

「大学2年生のときだったと思うけど、たまたま家でFENを聞いてたら、『バッファロー・スプリングフィールド特集』っていうのをやってたの。(中略)どんどん聞きこむうちに、もうとりつかれちゃったわけ」

(『音楽王 細野晴臣物語』前田祥丈 編/シンコーミュージック/1984年)

「私の心の中では、『バッファロー』『モビー・グレイプ』『バンド』『ローラ・ニーロ』を思いながらも、それとはうらはらに、ブルースやとてもハードな音楽へと突っ走っていったのです。が、ハードな音楽をやり過ぎ、疲れたと思った時には、もう『エイプリル・フール』の解散は決まっていたのでした」

(『ライトミュージック』ヤマハ音楽振興会/1973年1月号)

昭和45年（23歳）

伝説のはじまり。そのバンドの名は、「はっぴいえんど」。

ヴァレンタイン・ブルー、「はっぴいえんど」と改名

3月：はっぴいえんどが岡林信康『見るまえに跳べ』のレコーディングに参加

8月5日：はっぴいえんど　アルバム『はっぴいえんど』リリース

3月　日本万国博覧会（大阪万博）開幕
日本航空機よど号ハイジャック事件発生
4月　ビートルズ解散
11月　三島由紀夫、市ヶ谷の自衛隊東部方面総監部にて割腹自決

『はっぴいえんど』

URC

1. 春よ来い／2. かくれんぼ／3. しんしんしん／4. 飛べない空／5. 敵タナトスを想起せよ！／6. あやか市の動物園／7. 12月の雨の日／8. いらいら／9. 朝／10. はっぴいえんど／11. 続はっぴーいいえーんど

通称「ゆでめん」と称されるはっぴいえんどのデビュー・アルバム。バッファロー・スプリングフィールドやモビー・グレイプを手本としたサウンドを細野は目指した。ソングライターとしての松本隆＆大瀧詠一コンビの覚醒は凄まじく、とりわけ①②、鈴木茂のファズギターが激しい雨のような迫力の⑦の3曲でこのアルバム全体を圧倒している。テレビ出演時にこれから日本語でのロックを作ると標榜した細野も本作に半数以上の6曲を提供している。自分で歌うことへの抵抗感も強く、まだ突き抜け切れてはいないが、詩情豊かな③、自ら作詞した④は悩み多き者たちにとって静かな助走のように今も響く名曲ではないだろうか。

「そのころ、新しいニュアンスをつかんだという確信があったのね。それはカッコつけることじゃなくて、表現をすることだと。いかにカッコいい演奏をするかではなくて、いかにイメージをふくらませて、それに近い音を出せるか、そういう表現ができるかということで、その参考になったのは、ただ単にバッファロー・スプリングフィールドの音楽ということではなくて、彼らの観念だったんです」

（『THE ENDLESS TALKING 細野晴臣インタビュー集』北中正和 編／筑摩書房／1992年）

「もう完璧なドロップアウトです。社会と断絶してました。つまり、何で始めたかっていうと、売れてるもので好きなものが一つも無い。売れるものというのは、つまり買う人がいるんだから、その人達と意見があわないんだという事。僕達と感覚が違うし。そういうのじゃ無い所でやっているんだから、これはもう、孤立してでしょうがないんだっていう。周りは皆、敵だ。そう思ってたんです、ジャーナリストを含めて」

（『定本はっぴいえんど』大川俊昭、高護 編著／SFC音楽出版／1986年）

「つまり、彼ら（注：バッファロー・スプリングフィールド）の『アゲイン』のジャケットのリスト。リストに、わけのわからない人名がずらっと並んでる。それは大きな謎で、その謎解きをしていくうちに、なるほどということがあって、音楽にはまったく関係ないところからも影響を受けて、彼らの世界を作っているんだということを認識させられた。じゃあ、彼らの音楽に対抗するには、われわれもそれをやらなきゃいけないということがはっぴいえんどの一番の根底の力です」

（『THE ENDLESS TALKING 細野晴臣インタビュー集』北中正和 編／筑摩書房／1992年）

「『来年は日本語とロックを融合する』と言ったら『融合』を『結納』に聞き間違えられたりして……」

（『ニューミュージック・マガジン』／ニューミュージック・マガジン／1971年5月号）

「レコードになって、家に帰って聴いてみると、すごくいいんだ。家の人に聴かせたい。これはホンモノのレコードだって思うと、うれしくてね。やっぱり大瀧の曲がすごくて、詞と相乗効果を生み出してるんだ。それに、詞は絶対だった。音楽は、ロックだから、なんとかごまかせる。ごまかせるっていうか、とにかく自信があった。でも、詞はごまかせない。すぐボロが出ちゃうものだ。そういう意味で、いちばんがんばったのは松本なんじゃないかな」

（『レコード・プロデューサーはスーパーマンをめざす』細野晴臣／CBS・ソニー出版／1979年）

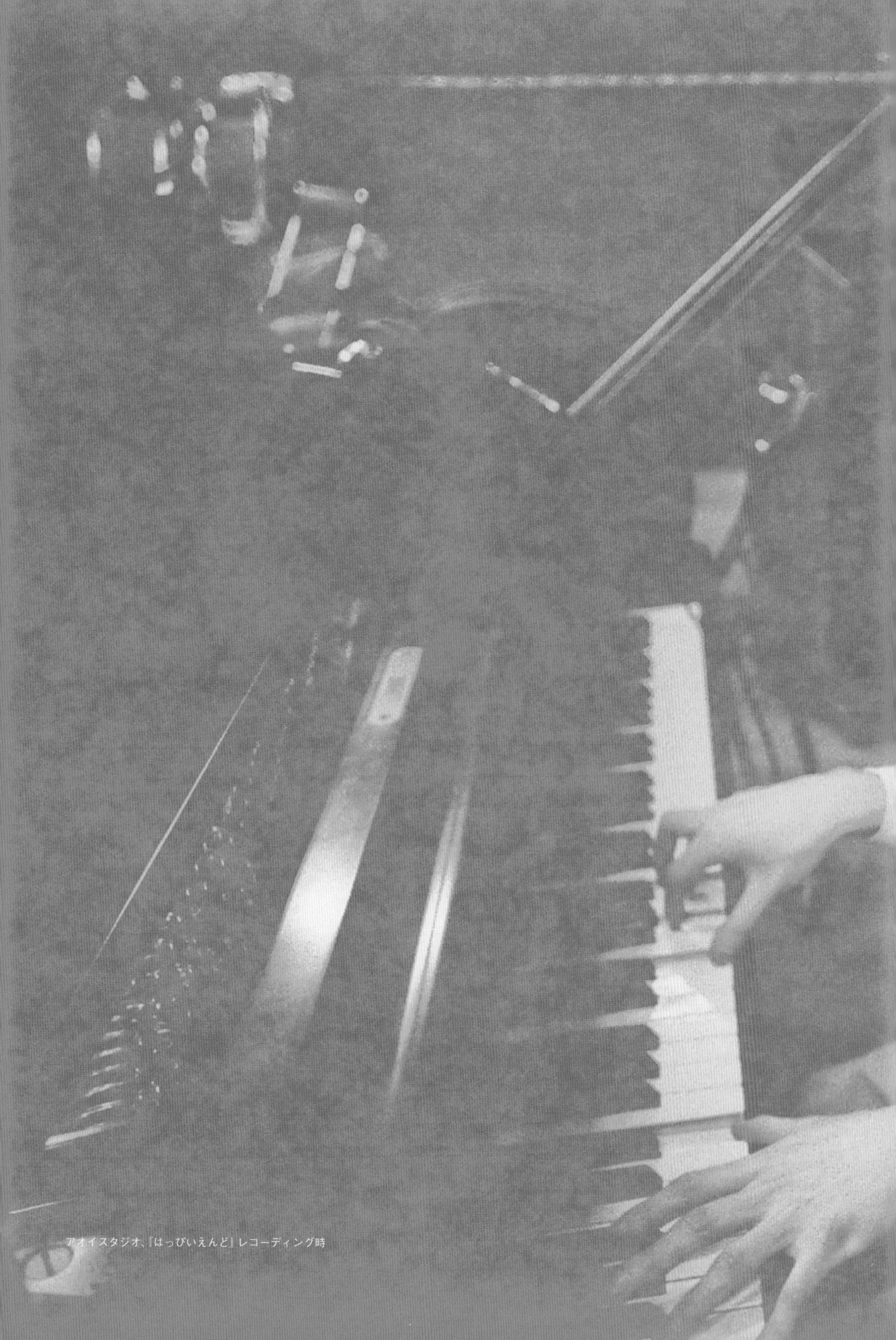

アオイスタジオ、『はっぴいえんど』レコーディング時

昭和46年（24歳）

名盤『風街ろまん』誕生。

「はじめて歌って、自分の歌のひどさにダメージをくらって、その後の1年間、つまり2枚目を作るまで、かなり落ち込んで、いじけていた。これが、ぼくにとって第1のウツの時期だった」
（『レコード・プロデューサーはスーパーマンをめざす』細野晴臣／CBS・ソニー出版／1979年）

3月：立教大学を卒業
4月1日：はっぴいえんど　シングル「12月の雨の日／はいからはくち」リリース
10月25日：小坂忠　アルバム『ありがとう』リリース（実質的なサウンド・プロデュースを担当）
11月20日：はっぴいえんど　アルバム『風街ろまん』リリース

1月　世界経済フォーラム（WEF）設立。以降、ダボス会議と呼ばれる
グループ・サウンズ「ザ・タイガース」解散コンサート
7月　環境庁発足
マクドナルド日本1号店「銀座店」オープン
10月　NHK総合テレビで全放送カラー化が始まる

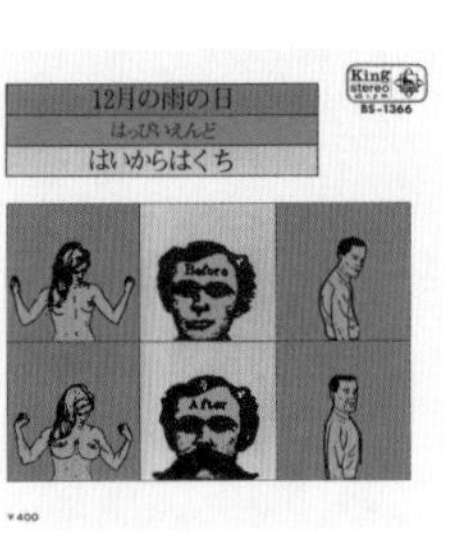

「12月の雨の日／はいからはくち」
キングレコード

「そんなときにジェイムス・テイラーを聴いたんだ。聴きこんでゆくうちに、すごく波長があって、好きになった。考えてみると、音域とか歌いまわしとか、すごく似ているんだ。そうか、こういう歌い方があったのか、と気がついて、マネしてみた。そしたら、うまく歌えるようになった。2枚目のアルバムのレコーディング直前で、やっと歌えるようになったわけ。それで、長いスランプを脱したんだ」
（『レコード・プロデューサーはスーパーマンをめざす』細野晴臣／CBS・ソニー出版／1979年）

「『風街ろまん』で、ボクらはすべてを燃焼しきっちゃったね。詩も曲も、ベストなものを集めて作ったからね。完璧なレコードだったよ。今でも、好きなアルバムだね。だから、あのアルバムを作った後、ボクらは、何もやることがなくなっちゃったんだ」

(『ヤング・ロック』スターランド社/1975年3月号)

『風街ろまん』

URC

1. 抱きしめたい/2. 空いろのくれよん/3. 風をあつめて/4. 暗闇坂むささび変化/5. はいからはくち/6. はいから・びゅーちふる/7. 夏なんです/8. 花いちもんめ/9. あしたてんきになあれ/10. 颱風/11. 春らんまん/12. 愛餓を

松本隆が造語した「風街」というワードに導かれるように、このセカンド・アルバムで彼らは失われたかつての東京の幻をぼんやりと見つめることで、逆に自分たちの進むべき道をはっきり見出した。とりわけジェームス・テイラーからの影響で、自分の声質を活かした歌い方を獲得した細野の進化は目覚ましい。アルバムの事実上のテーマ曲であり、のちにアメリカ映画『ロスト・イン・トランスレーション』(2003年)にも選曲された③、夏の気だるさを音と言葉で見事に描き出した⑦、リズム面での黒人音楽/南洋への興味や言葉遊びの感覚を宿した④⑨など、ここに収録されているのは自身のキャリアでも最重要曲ばかりだ。

小坂忠『ありがとう』レコーディング風景

昭和47年（25歳）

リトル・フィート、ヴァン・ダイク・パークスとの海外レコーディングを体験。

「私たちは成功したのでしょうか？　私の考えでは私たちのグループの目的は十分に達成できたと思うし、3枚目のアルバムをとり終えた時点で、『ああ、一仕事終わったわい』という心境といってもいいくらいです」

（『ライトミュージック』ヤマハ音楽振興会／1973年1月号）

夏頃、狭山のアメリカ村の米軍ハウスに移転

10月：はっぴいえんど　ロサンゼルスでレコーディング

12月31日：はっぴいえんど解散

2月　札幌オリンピック開催

連合赤軍によるあさま山荘事件勃発

3月　スイスのシンクタンク、ローマクラブが報告書『成長の限界』を発表

4月　川端康成が逗子市で自殺

5月　アメリカ合衆国から日本へ沖縄返還。沖縄県発足

9月　日中国交正常化

「たぶん、4人で演奏する最後のLPをとりおえ、皆はそれぞれ別れて活動することでしょう。だが、『エイプリル・フール』の時と違い、今度は一人一人自分の音楽なり詩をとことん掘り下げていく他に、やることはないでしょう。そして、またいつかあの情熱が私や、皆の背中をゾクゾクとつつく時がくると思うし、その時にこそ第2の『はっぴいえんど』が4つ生まれる可能性もでてくるでしょう。このようにして、少しでも拡がっていくことは、とても楽しいことだと思います。HAPPY END」

（『ライトミュージック』ヤマハ音楽振興会／1973年1月号）

LAレコーディング後に訪れたサンフランシスコ「パレス・オブ・ファインアーツ」にて

SINS & BOOTS
ER CLOTHING

サンフランシスコ郊外バークレーにて

1973

昭和48年（26歳）

26歳でソロ・デビュー。プロデューサーとしても時代を拓く存在に。

1月頃：「キャラメル・ママ」を結成

2月：自宅録音でソロ活動開始

2月25日：はっぴいえんど　アルバム『HAPPY END』リリース

5月25日：細野晴臣　アルバム『HOSONO HOUSE』リリース

9月1日：はっぴいえんど　ベスト・アルバム『CITY / HAPPY END BEST ALBUM』リリース

9月21日：はっぴいえんどのラスト・ライブ「CITY -Last Time Around」開催

『HAPPY END』

キングレコード／ベルウッド・レコード

1. 風来坊／ 2. 氷雨月のスケッチ／ 3. 明日あたりはきっと春／ 4. 無風状態／ 5. さよなら通り3番地／ 6. 相合傘／ 7. 田舎道／ 8. 外はいい天気／ 9. さよならアメリカ さよならニッポン

『風街ろまん』発売後、事実上の活動停止状態にあったはっぴいえんどにLA録音の話が持ちかけられて実現したサード・アルバム。大瀧詠一は前年にソロ作をリリースしており、細野もソロ作を準備中の段階で、バンドとしての手持ち曲が一切ない中でのレコーディングだった。細野はソロ作にと構想していた⑥と①④を提供。すべて松本隆の作詞に頼らず、自身の言語感覚で作り出した新曲だった。とりわけ①④には、独自の言葉遊びと異郷への憧れ、そして孤独をはらんだロマンチシズムが濃厚に表れている。レコーディング中にスタジオを訪れ、⑨に決定的な影響を及ぼしたヴァン・ダイク・パークスと細野の出会いの価値も途方もなく大きい。

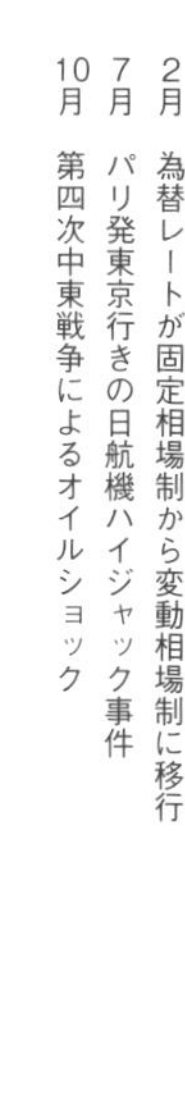
1月　ベトナム和平協定締結により、ベトナム戦争終結
2月　為替レートが固定相場制から変動相場制に移行
7月　パリ発東京行きの日航機ハイジャック事件
10月　第四次中東戦争によるオイルショック

『HOSONO HOUSE』

キングレコード／ベルウッド・レコード

1ろっかばいまいべいびい／2. 僕は一寸／3. CHOO CHOO ガタゴト／4. 終りの季節／5. 冬越え／6. パーティー／7. 福は内 鬼は外／8. 住所不定無職低収入／9. 恋は桃色／10. 薔薇と野獣／11. 相合傘

初のソロ・アルバム。当時の細野が住んでいた埼玉県狭山市のアメリカ村の米軍ハウスに、細野らとキャラメル・ママを結成する鈴木茂、松任谷正隆、林立夫が集まり、吉野金次が機材を運び込んだ本当の意味での「自宅録音」作品だった。宅録特有のモコっとした音響から生まれるタフなグルーヴはもちろん、都市と郊外に対する距離感、日本とアメリカの両方から音楽の影響を受けて育った自らの矛盾を見つめ、現代を生きるシンガー・ソングライターとして細野が表現した心身の「揺れ」は今も有効だ。⑥の歌詞を除きすべて細野の作詞作曲。近年⑪は和製ファンクとの評価が海外で高い。うつろにこちらを見つめるジャケットも若き細野の「青の時代」を自ずと物語る。

『CITY / HAPPY END BEST ALBUM』
キングレコード／ベルウッド・レコード

「なぜ、ぼくがソロ活動をする気になったかというと、サイモン&ガーファンクルを解散したポール・サイモンがすごく悩んだ、という文章を読んで、自分も同じだと感じたから。ソロでやる自信がなかったポールが、歌が強烈にうまくなくたって、自分でコンセプトを持ってやっていけばできるよ、と元気づけられたって話だった」

（『レコード・プロデューサーはスーパーマンをめざす』細野晴臣／CBS・ソニー出版／1979年）

「『HOSONO HOUSE』の特徴は、タイトルにもなっているとおり、スタジオでのレコーディングじゃなくて、埼玉県のボクの家でレコーディングしたことだろうと思います。（中略）結果はどうだったたか。スタジオでやったのとは違って、音がよくまわりました。（中略）音がまわるというのは、普通の基準からすれば、決していい録音ではないのですが、ぼく自身は大成功だったと思っています。音がまわることにより、たしかにクリアーな録音はできませんでした。が、スタジオではできない、暖かみのある録音ができたと思えるのです」

（『ベルウッド』キングベルウッドレコード／1973年6月号）

「そのころ、よく聴いてたんですよ。シックスティーズ、フィフティーズを通り越してね。まずは原体験のSP盤でよく聴いていたようなハリウッド物をまた聴き出したんです。ハリウッド物といっちゃっていいのかどうか、厳密にいえば一九三〇年代のダンス・ミュージックとかポピュラー・ソングを集めていたんです。（中略）とりつかれたようにその世界に入り込んでいたんです」

（『THE ENDLESS TALKING 細野晴臣インタビュー集』北中正和 編／筑摩書房／1992年）

「狭山というのは、ほんとにプロテクターのなかに入っているような幻想の世界でしたからね。しかも聴く音楽は古いものばっかりだし、タイムトリップしていたような時期だったんで、現実感が希薄だったんです。ニュースを見ても、何騒いでんだろうという感じでした」

（『THE ENDLESS TALKING 細野晴臣インタビュー集』北中正和 編／筑摩書房／1992年）

Fender
BASS

自宅にて『HOSONO HOUSE』のレコーディング

1 細野晴臣 使用楽器

ギター・弦楽器編

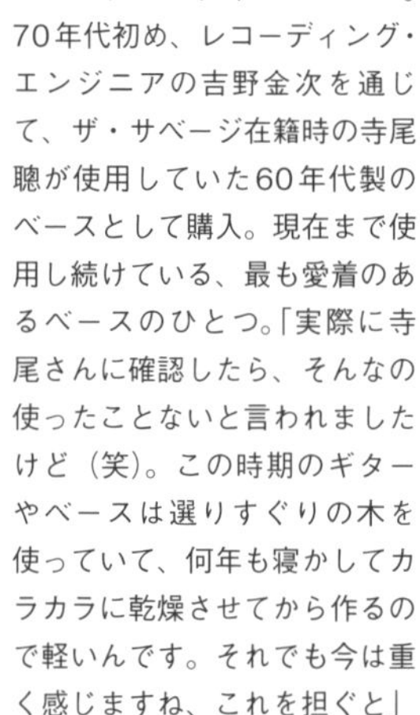

ゴッタン。南九州地方に伝わる弦楽器で箱三味線、板三味線とも呼ばれる。三味線は動物の皮を用いるが、ゴッタンは木材のみで作られているのが特色。「本條秀太郎さんという三味線のお師匠さんに教わったんじゃないかな。『オムニ・サイト・シーイング』(1989年)の頃です」

グレッチのギター・バンジョー。バンジョーの音色を6弦のギター感覚で演奏できる。「『HoSoNoVa』(2011年)の頃に買ったものです。『ロンサム・ロードムービー』などのレコーディングで使いました」

テイラーのアコースティック・ギター。2005年製NS42ce。「この時期、自分にフィットするアコースティック・ギターを探し求めてたんです。一時期使ってましたが、結局、他に理想的なものが見付かったので、このギターはちょっとご無沙汰してますね」

フェンダーのジャズ・ベース。70年代初め、レコーディング・エンジニアの吉野金次を通じて、ザ・サベージ在籍時の寺尾聰が使用していた60年代製のベースとして購入。現在まで使用し続けている、最も愛着のあるベースのひとつ。「実際に寺尾さんに確認したら、そんなの使ったことないと言われましたけど(笑)。この時期のギターやベースは選りすぐりの木を使っていて、何年も寝かしてカラカラに乾燥させてから作るので軽いんです。それでも今は重く感じますね、これを担ぐと」

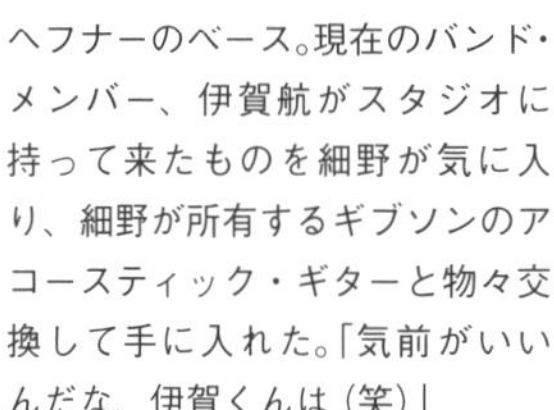

ヘフナーのベース。現在のバンド・メンバー、伊賀航がスタジオに持って来たものを細野が気に入り、細野が所有するギブソンのアコースティック・ギターと物々交換して手に入れた。「気前がいいんだな、伊賀くんは(笑)」

タカミネのアコースティック・ギター。2000年頃に購入。「これも自分にフィットするギターを探していた時期のものです。タカミネを始め日本のメーカーが頑張っていた頃ですね」

ギブソンのアコースティック・ギター。1920～30年代に活躍したジャズ・ギターの父、クルーナーの元祖と称されるニック・ルーカス・モデル。ボブ・ディランが愛用したことでも知られる。「これは1936年製だと思います。『フライング・ソーサー1947』(2007年)の時、いい生ギターがないか神保町の楽器店へ探しに行ったら、すごくいい音のする新品があったんですね。ところがふと見るとこれが飾ってあって、ちょっと触ったら気が変わっちゃった。いまでは毎日のように使ってます。通常はピックガードがあるところに付いている傷は、弾いてるうちに付いたのかな？ 使ってると気付かないんです」

ギブソンのアコースティック・ギター、J-45。はっぴいえんどのアルバム『HAPPY END』(1973年)をロサンゼルスでレコーディングした帰途、立ち寄ったサンフランシスコで購入。「J-50を探していて、『あった！』と思って買ったらJ-45だった。ガッカリしちゃってね(笑)。J-45のほうがネックが小さいんです。当分はこれを使ってましたけどね」

ギブソンのマンドーラ。おそらく1907年製。「僕より年上の楽器ですね。『HoSoNoVa』(2011年)の頃、『悲しみのラッキースター』にこの音を入れたくて購入しました。カントリーではよくフラット・マンドリンが使われますけど、僕はマンドリンより半オクターブ低いマンドーラの音が好きなんです。見てくれも素晴らしい」

グレッチのギター。神田の楽器店で中古品として購入した、チェット・アトキンス・モデルのヴィンテージ・ギター、通称“NashVille”。主にスウィング・スローのアルバム『スウィング・スロー』(1996年)のレコーディングで使用された。「最近は使ってないけど、デザインが好きなのでまた使いたいです」

ギブソンのレス・ポール。『スウィング・スロー』(1996年)の頃に購入した。「あのアルバムにはレス・ポールの音が必要だと思ったので買いました。新品です。『スウィング・スロー』以外ではあまり使ってませんね」

S.Yairiのアコースティック・ギター。「楽器好きには評判のいい幻のギターです。どれくらい古いのかな?最近リペアしてもらったので、また使いたいと思ってるところですね」

三線としてホノルルの骨董品屋で売られていたが、実際には三線と異なる非常に珍しい弦楽器。久保田麻琴と夕焼け楽団のアルバム『ハワイ・チャンプルー』(1975年)のレコーディングに参加するため、ハワイに滞在していた時に購入した。『泰安洋行』(1976年)の「香港Blues」「Roochoo Gumbo」などで使用。『泰安洋行』に色濃い沖縄、ハワイ経由のエキゾチック・サウンドは、この楽器によるところも大きい。「骨董品屋のウィンドウに飾られていたものを一目惚れして買いました。蛇皮が付いたこんな楽器は、いまだに他に見たことがないですね」

フェンダーのプレシジョン・ベース。もともと70年代にフレットレスのプレシジョン・ベースを気に入り、吉田美奈子『扉の冬』、荒井由実『ひこうき雲』などで使用していたが、盗難に遭い紛失。その後しばらくしてからこれを購入した。「（高橋）幸宏の事務所の社長さんから『出物がある』という連絡をもらって買いました。レコーディングではこれとジャズ・ベースのふたつを主に使っています」

ヘフナーのバイオリン・ベース。2008年頃、YMOのロンドン〜ヒホン（スペイン）公演の前に購入した。「リハーサルでフェンダーのジャズ・ベースを使っていたら、重くて背中が痛くなっちゃったんです。リハって延々と続くでしょう？　こりゃ駄目だと思ってこのバイオリン・ベースに触ったら、空気みたいな軽さでね。音もいいし。それからしばらくはこれを使ってました」

ヤマハのベース。Tin Panのアルバム『Tin Pan』（2000年）の頃に使用した。「レコーディングで試したことがあったかな、一度くらい。その後はあまり使ってないかもしれませんね」

ミュージックマンのスティングレイ・ベース。1978年頃に購入し、YMOの初期に多用。1979年、1980年のワールドツアーに携行した。「『テクノポリス』（アルバム『ソリッド・ステイト・サヴァイヴァー』〔1979年〕収録）のフレーズもこれで弾いてますね。非常に使い勝手のいいベースです。最近は今のバンド・メンバーの伊賀航が使ってます」

チャランゴ。南米アンデス地方に伝わる民族楽器。以前、胴体にアルマジロの甲羅を使用したチャランゴを持っていたが、HISのアルバム『日本の人』(1991年)をレコーディングした時、忌野清志郎に譲渡。「清志郎がそれを弾いたらうまかったので譲ったんです。かわりに僕はローランドのリズム・ボックスをもらって。その後、自分でも持っておきたくなって、日本製の安物を買ったんじゃないかな」

ギブソンのアコースティック・ギター。高田渡のアルバム『FISHIN'ON SUNDAY』(1976年)のロサンゼルス録音に参加した時、現地で購入した。「小坂忠から借りたギターを『風街ろまん』(1971年)や『HOSONO HOUSE』(1973年)で使っていて、すっかり僕のものだと思っていたら、ある時『返してくれ』と言われて(笑)。それ以来、ずっと喪失感があったんです。ロサンゼルスでやっと出会うことができました。僕より前の世代、フォーク系の人たちはマーティンのアコースティック・ギターを使う人が多かったんですが、ジェイムス・テイラーが使っていて、非常に地味だけどしっかりした音を出していたんです。僕は地味な音が好きなんですね。いちばん好きなアコースティック・ギターです」

エルクのベース。1972年頃、“日本のジョニー・キャッシュ”と呼ばれたカントリー歌手、斉藤任弘に「終りの季節」を提供した際、エルク社員だった彼から試作機をもらいうけた。斉藤は後にフェンダー・ジャパン創立時の社長を務める。「ジャズ・ベースを手に入れる前に使用していたベースです」

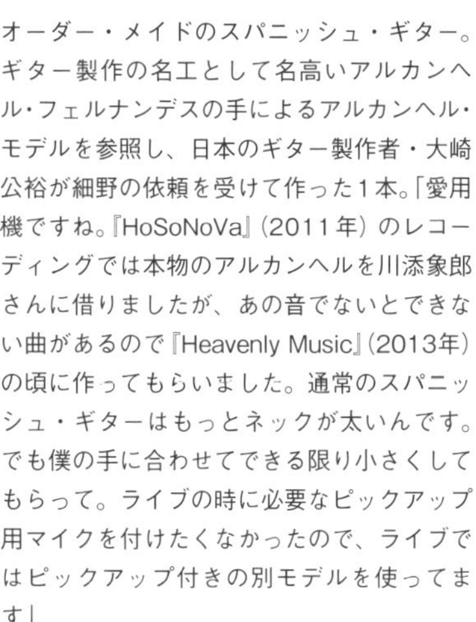

オーダー・メイドのスパニッシュ・ギター。ギター製作の名工として名高いアルカンヘル・フェルナンデスの手によるアルカンヘル・モデルを参照し、日本のギター製作者・大崎公裕が細野の依頼を受けて作った1本。「愛用機ですね。『HoSoNoVa』（2011年）のレコーディングでは本物のアルカンヘルを川添象郎さんに借りましたが、あの音でないとできない曲があるので『Heavenly Music』（2013年）の頃に作ってもらいました。通常のスパニッシュ・ギターはもっとネックが太いんです。でも僕の手に合わせてできる限り小さくしてもらって。ライブの時に必要なピックアップ用マイクを付けたくなかったので、ライブではピックアップ付きの別モデルを使ってます」

ドイツの子供用楽器メーカー、ゴールドンのギタレレ。ギターと同じ6弦だが、ギターより小さく、ウクレレより大きい。「ときどきレコーディングで使いますけど、チューニングとか意外と難しいんですよ。安物を買っちゃったのかな（笑）」

テラダのアコースティック・ギター。「これも2000年頃、自分に合うギターを探していた頃のものです。結局、ニック・ルーカス・モデルとアルカンヘル・モデルを手に入れるまで、いろんなギターを試していたんですね」

ヤマハのギタレレ。「ギタレレはチューニングが狂いやすく使いにくい楽器ですが、この楽器ならではのサイズ感と高音域があるので、たまに使いたくなるんです。このギタレレはちゃんと作られているギタレレですね」

テイラーのアコースティック・ギター。2000年代、ツアー中や旅先の宿で弾くために購入。持ち運びしやすいものを選び、肩に背負って各地に携行した。「演奏用というよりは練習用ですね」

Talk About Hosono

鈴木 茂

レコードを聴かせてもらっていたのは、細野さん家の中庭の横にあった部屋だった。色んなレコードを聴いているうちに明け方になるのはいつものことで、そんな日は決まって家まで車で送ってもらった。 家に着いた早朝に御飯を作っている僕の母は朝帰りを心配してかいつも不機嫌そうな顔だった。あの頃に聴かせてもらったレコードは衝撃的で間違いなく自分の音楽の糧になっている。17歳のあの頃の記憶がとても懐かしい。

1971年、はっぴいえんど

1974~1978

"THE MUSIC OF PARADISE"

楽園の音楽

1973年、埼玉県の狭山アメリカ村の米軍ハウスにて自宅レコーディングを行った細野は、初のソロ・アルバム『HOSONO HOUSE』をリリースする。また同時期には、はっぴいえんどの鈴木茂、かつてセッション・バンドのメンバーだった林立夫、林と共に活動を行っていた松任谷正隆とキャラメル・ママを結成。日本では先駆的なサウンド・プロデュース集団として、多くのミュージシャンのレコーディングをサポートし、その活動は74年にティン・パン・アレーと名を変えた後も続けられる（ティン・パン・アレー名義のアルバムも75年、77年に発表）。この間、細野はノスタルジックなミッド・センチュリーのアメリカ音楽に魅了される一方、マーティン・デニーに代表される楽園をイメージしたエキゾチック・サウンドにも傾倒。75年のソロ・アルバム『トロピカル・ダンディー』では中南米や中国、76年『泰安洋行』ではニューオリンズや沖縄の音楽的要素を取り入れ、78年『はらいそ』を含む3枚のアルバム、通称〝トロピカル3部作〟において、世界でも類を見ない〝チャンキー・サウンド〟（ごった煮音楽）を作りあげた。

1974

昭和49年（27歳）

21世紀にまでつながる奇跡の音楽集団、「ティン・パン・アレー」。

キャラメル・ママ、プロダクション・チームとして荒井由実、雪村いづみ、スリー・ディグリーズなど数多くのセッションに関わるティン・パン・アレーへと発展

1月15日：はっぴいえんど　ライブ・アルバム『ライブ!! はっぴいえんど』リリース

12月28日：映画『宵待草』（神代辰巳 監督）公開（音楽を担当）

4月　東京国立博物館で「モナ・リザ展」開幕
5月　カーペンターズが3度目の来日。武道館でコンサート
6月　米国でウォーターゲート事件発覚。8月にニクソン米大統領辞任
8月　東京丸の内の三菱重工ビル爆破事件
9月　原子力船「むつ」放射線漏れ事故
10月　プロ野球、巨人の長嶋茂雄が現役引退

『ライブ!! はっぴいえんど』

1973|9|21
ライブ・はつぴいえんど
［CITY-Last Time Around］於・文京公会堂　開場PM6:00　開演PM6:30　当日1,200円　前売1,000円　主催・風都市

キングレコード／ベルウッド・レコード

1. はいからはくち／2. 夏なんです／3. 氷雨月のスケッチ／4. 抱きしめたい／5. 空飛ぶウララカサイダー／6. ココナツ・ホリデイ／7. 街行き村行き／8. 春一番／9. 12月の雨の日／10. かくれんぼ／11. 春よ来い

1～4、9～11：はっぴいえんど
5、6：大瀧詠一とココナツ・バンク
7、8：西岡恭蔵

LA録音の『HAPPY END』を以って休止していたはっぴいえんどの正式な解散ライヴ盤。音楽事務所「風都市」の船出を飾る1973年9月21日に文京公会堂で行われたオムニバス・コンサート〈CITY-Last Time Around〉のトリとしてはっぴいえんどは出演。アルバムでは大瀧詠一とココナツ・バンク、西岡恭蔵のソロ・パートを間に挟む2部構成で収録されている。細野の楽曲は②のみ収録だが、他の曲はかなりファンキーにリアレンジされており、ベーシスト細野の自在かつ重たくうねるプレイの貢献は大きい。とりわけ『はっぴいえんど』からのラスト3曲では「この4人しかできない」と大瀧もMCした不思議な相性も確認できる。

ACTO. MOOSE
1020

「その後ぼくは、職業として、〝ミュージシャン〟という肩書きを持とう、と。そういう意識があって……。職人になってみようと思ったわけです。しかも、それにはアイドルがいたんです。マッスル・ショールズとかね。（中略）ぼくたちはこういうスタイルでミュージシャン・チーム組んでます、と。だから、これを利用できる方はどうぞ利用してください、みたいなね。うん、一度やってみたかったんだよ、そういうの」

（『はっぴいえんど伝説』萩原健太／八曜社／1983年）

1974年、「HOBO'S CONCERTS」(於：シアターグリーン)のステージ

「例えばオイル・ショック以来、深夜のハリウッド映画がなくなったんですね。僕も一年以上続いた古いジャズとかスタンダードとか、三〇年代かぶれから抜け出した。(中略)それで七三年にスライの『フレッシュ』が出たのかな。それまで、一年以上、新しいレコードを全然聴かなかったんですけど、『フレッシュ』を聴いて催眠術が解けたようになった。鈴木茂と、もう古いのを聴くのはやめよう、このまま行くと、もう抜けられないよっていう不安感が出てきて、そろそろ現実に戻ろうかという話をして、東京に戻ってきてキャラメル・ママの活動が活発になってきたんです」

(『THE ENDLESS TALKING 細野晴臣インタビュー集』北中正和 編/筑摩書房/1992年)

昭和50年（28歳）

トロピカル3部作のはじまり。

1月25日：小坂忠　アルバム『ほうろう』リリース（ティン・パン・アレーが参加）
ティン・パン・アレー　シングル「宵待草のテーマ」リリース
4〜7月：ティン・パン・アレー　全国ツアー「ファースト&ラスト・コンサート」開催
6月25日：細野晴臣　アルバム『トロピカル・ダンディー』リリース
11月25日：ティン・パン・アレー　アルバム『キャラメル・ママ』リリース

3月　山陽新幹線博多駅開業
4月　ロックバンド、キャロルが解散
6月　メキシコで第1回世界女性会議。3月8日を国際女性デーと定める
7月　沖縄で沖縄海洋博開幕
12月　1968年に発生した3億円事件が公訴時効成立

「宵待草のテーマ」
クラウンレコード／PANAM

「今年になってから僕の興味の対象は北アメリカを離れ、カリブの島々とそれを囲む海、そして、向こうにかすむ大陸と港、といった風景に集中してしまいました」

（『トロピカル・ダンディー』ライナーノート、クラウンレコード／1975年）

『トロピカル・ダンディー』

クラウンレコード／PANAM

1. チャタヌガ・チュー・チュー／2. ハリケーン・ドロシー／3. 絹街道／4. 熱帯夜／5. 北京ダック／6. 漂流記／7. ハニー・ムーン／8. 三時の子守唄／9. 三時の子守唄（Instruments）／10. 漂流記（Instruments）

セカンド・ソロにして『泰安洋行』『はらいそ』へと連なってゆく、いわゆる「トロピカル3部作」の第1弾。自ら「ソイソース・ミュージック」と標榜したスタイルは、ラテンやカリプソ、エキゾチカといった音楽要素を、細野らしい軽妙さで日本のポップスとミックスしたもの。幕開けを飾る①は、ブラジルの歌姫カルメン・ミランダ版のカバーで日本語詞まで登場するし、②③⑤あたりの音楽的越境は今の耳にも新鮮そのもの。美しい⑥で始まる後半は、マック・デマルコが日本語でカバーした⑦など『HOSONO HOUSE』からの余韻もある。まだ完璧にトロピカルに変化しきっていない姿が見えることも、本当に新しいことを目指した本作のリアルさだ。

『キャラメル・ママ』

クラウンレコード／PANAM

1. CARAMEL RAG ／ 2. CHOPPERS BOOGIE／3. はあどぼいるど町／4. 月にてらされて／5. CHOO CHOO GATTA GOT '75／6. SHE IS GONE／7. ソバカスのある少女／8. JACKSON／9. YELLOW MAGIC CARNIVAL ／ 10. BALLADE OF AYA

もともと、ファースト・ソロ『HOSONO HOUSE』制作時の面々で名乗ったバンド名が「キャラメル・ママ」。ジェームス・テイラーのバックバンドから独立したバンド、セクションのように、荒井由実や雪村いづみらを筆頭にさまざまなシンガーのサウンドを都会的にヴァージョンアップさせてゆくことを目指した。その存在は単なるバックバンドではなく、実質的にはプロデュース集団ともいえる。1974年にはティン・パン・アレーと改名し、このファースト・アルバムのタイトルに旧名が残されることに。収録曲は4人で持ち寄り。細野は旧曲⑤の75年版、愛娘に捧げた⑩、そして「イエロー・マジック」という言葉を初めて登場させた⑨を提供している。

☆ラン

HARUOMI "HOSONO"

YASUO YAGI

合言葉はチャンプ!!

細野晴臣 トロピカル コンサート

第一夜●十月二八日(火)ゲスト●久保田麻琴

第二夜●十月二九日(水)ゲスト●センチメンタル・シティ・ロマンス

午後六時開場●六時三〇分開演

目黒区民センター　前売●千二百円　当日●千四百円

主催●問い合せ●桑原オフィス ○三(四七○)二二二八

後援●クラウンレコード

ティン・パン・アレーが贈る三枚のアルバム

バンド・ワゴン　鈴木茂	トロピカル・ダンディ　細野晴臣	11月25日発売　キャラメル・ママ
GW-4011	GW-4012	GW-4017

「日本の音楽の中で僕が魅せられたものといえば、琉球諸島の音楽くらいのもの。僕は今、この琉球の音楽に西インド諸島のものにひけをとらないくらい興味を覚えている」

（『地平線の階段』細野晴臣／八曜社／1979年）

「最近作った『トロピカル・ダンディー』もまさにそうなのだが、僕がアルバムをはき出す時期というのは、いつも過程の真っ最中である」

（『地平線の階段』細野晴臣／八曜社／1979年）

昭和51年（29歳）

中華街「同發新館」でのライブが伝説に。

4月25日：細野晴臣　シングル「北京ダック／ブラックピーナッツ」リリース

5月8日：横浜・中華街「同發新館」でライブ「TIN PAN ALLEY IN YOKOHAMA CHINATOWN」開催

6〜7月：ティン・パン・アレー「パラダイス・ツアー」開催

7月25日：細野晴臣　アルバム『泰安洋行』リリース

2月　アメリカでロッキード事件発覚

7月　ベトナム社会主義共和国設立

アメリカ独立宣言200周年

「ティンパンアレイの頃、僕はロックのリズムの秘密を発見した。さまざまなオールディーズを聴いているうちに、ロックのリズムには、微妙な揺れがあることに気づいたのだ。それは四ビートから八ビートへの移行期の、たとえばビル・ヘイリー&ヒズコメッツの〈ロック・アラウンド・ザ・クロック〉などを聴くとよくわかる。スウィングをやっていたドラマーは、跳ねるリズムを叩いている。一方でギターは八ビートを刻んでいる。そこでできあがる跳ねているようで跳ねていないリズム——それがロックンロールのノリであり、実はブギウギの基本でもある。だが、当時それに気づいたロックミュージシャンはあまりいなかった。そこで、譜面には書けないため口伝で、この『おっちゃんのリズム』の奥義をドラマーの林立夫に伝授した」

（『アンビエント・ドライヴァー』細野晴臣／マーブルトロン／2006年）

『泰安洋行』

クラウンレコード／PANAM

1. 蝶々-San／2. 香港Blues／3. "Sayonara", The Japanese Farewell Song／4. Roochoo Gumbo／5. 泰安洋行／6. 東京Shyness Boy／7. Black Peanuts／8. Chow Chow Dog／9. Pom Pom蒸気／10. Exotica Lullaby

「北京ダック / ブラックピーナッツ」
クラウンレコード／PANAM

「トロピカル3部作」の2作目。前作からわずか1年のスパンだが、コスチュームもアートワークもグッとファッショナブルかつ架空のキャラクター性を増した。音の航海もさらに進め、「ソイソース・ミュージック」から「チャンキー・サウンド」へ。ニューオリンズ、沖縄、香港、そして現在の細野のライヴにもつながる20世紀前半のブギーやジャズへと興味は広がっていく。カヴァー曲②③もまるで細野のオリジナルのようだし、逆に他の細野のオリジナルは遠い昔から存在する知られざるモダン小唄のよう。林立夫が細野の求めるグルーヴを「おっちゃんのリズムね」と例えた言葉を拝借した⑨が痛快。伝説の横浜中華街ライヴは本作発売直前だった。

「そうなんですよ。ユーモアがないものには惹かれない」

（『THE ENDLESS TALKING 細野晴臣インタビュー集』北中正和 編／筑摩書房／1992年）

「僕のやっている音楽は『現在』に対してパワーを持つものではなく、『未来』に対してパワーを持ったものなのだ。よって『泰安洋行』は未来の人間へのプレゼントなのだ」

（『地平線の階段』細野晴臣／八曜社／1979年）

「マーティン・デニーは、自分の中の枠組を変えてくれた音楽なんだ。東京にいても、日本人には絶対につくれないのんきな〝SAKE ROCK〟が流れると、クレイジーな気持ちになる。一人で踊っていたら、家族が気味悪がっていた（笑）。ネガティヴに見えていた日本のあれこれが違った風景に見えてくる、おもしろくなってしまう。異邦人の目を初めて持てたんだ。あれ以来、僕は普通のポップ・ミュージックが聴けなくなってしまった。僕にとっては意識の拡大だったと思う。はっぴいえんどの頃から、居心地の悪い世の中だった。日本は好きだけど、音楽やってると、そうはいかない。いつも文化の摩擦を感じる。それはいまだにずっと引きずっているけれど、あの頃、それを裏返してくれたのがエキゾティック・サウンドだった」

（『HOSONO百景 いつか夢に見た音の旅』細野晴臣／河出書房新社／2014年）

HARRY HOSONO from TIN PAN ALLEY '76

CROWN PANAM

1977

昭和52年（30歳）

ベーシストとして プロデューサーとして、引く手あまたの30歳。

いしだあゆみ、山下達郎、大貫妙子、吉田美奈子など、多数のレコーディングに参加

9月5日：ティン・パン・アレー アルバム『TIN PAN ALLEY 2』リリース

7月 キャンディーズが日比谷野外音楽堂のコンサートで解散宣言
8月 中華人民共和国 文化大革命終結宣言
9月 プロ野球巨人軍、王貞治ホームラン世界新記録
ダッカ日航機ハイジャック事件
10月 白黒テレビ放送廃止
12月 イギリスの喜劇王チャールズ・チャップリン死去

『TIN PAN ALLEY 2』

クラウンレコード／PANAM

1. 明日あたりはきっと春／2. 薔薇と野獣／3. 野生の馬／4. ろっかばいまいべいびい／5. 心もよう／6. 航海日誌／7. ポケットいっぱいの秘密／8. 結婚しようよ／9. 妹

ティン・パン・アレーのセカンド・アルバム。この時期も女優いしだあゆみとの連名でリリースしたシティ・ポップ的な傑作『アワー・コネクション』を筆頭に多忙な演奏とプロデュース活動が続いていた。また、松任谷正隆に代わって佐藤博がセッションに参加する機会も増えるなど、編成も流動的かつ拡張的になり、バンド感はやや希薄化。ソロ活動とセッション活動に挟まれるジレンマもあったのか、本作は比較的ひっそりとリリースされた。⑤⑦⑧⑨などカヴァーの意外な選曲は「歌のない歌謡曲」をハイセンスにするアレンジャーとしての腕の見せ所。『HOSONO HOUSE』から選曲された②④のヴォコーダー使いには、YMOとのつなぎ目を感じる。

「西洋の論理と東洋の感性、ディジタル・ミュージックとアナログ・ミュージック、神と悪魔等、あらゆる対極を結ぶ世界が間近に来ているような気がします。チャンキー・ミュージックは、そんな予感からインスピレーションを得た音楽なのです」

（『はらいそ』プレスキット、アルファレコード／1978年）

「おそらく趣味というものは人間の脳と下層意識――つまり、後天的に形成された意識によって生ずるものであり、その下にある潜在意識は集合意識ともいうべき〝人間の人間たる業〟を背負っているもの、いわば生まれながらにしてもっているものなのである。（中略）そしてPOPSというのは、この最下層の意識に届いた音楽のことを言うのであろう。そう、音楽の生命はまさしくそこにこそあるのだ。こう考えてくると、POPSの根本はリズムであるということが、実に今、僕にもよくわかってきたのである」

（『地平線の階段』細野晴臣／八曜社／1979年）

1978

昭和53年（31歳）

新時代へのキーワードは、イエロー・マジック。

2月：高橋幸宏と坂本龍一にイエロー・マジック・オーケストラの構想を伝える

4月：横尾忠則とインド旅行

4月25日：細野晴臣&イエロー・マジック・バンド アルバム『はらいそ』リリース

6月21日：V.A.（細野晴臣ほか） オムニバス・アルバム『PACIFIC』リリース

9月21日：細野晴臣&横尾忠則 アルバム『コチンの月』リリース

10月18日：イエロー・マジック・オーケストラ 初のライブを芝・郵便貯金ホール（現・メルパルクホール）で開催

『はらいそ』

アルファレコード

1. 東京ラッシュ／2. 四面道歌／3. ジャパニーズ・ルンバ／4. 安里屋ユンタ／5. フジヤマ・ママ／6. ファム・ファタール〜妖婦／7. シャンバラ通信／8. ウォリー・ビーズ／9. はらいそ

「トロピカル三部作」の最終作。「イエロー・マジック・バンド」を名乗ったこと、本作⑥での坂本龍一、高橋幸宏の参加やアルファレコードへの移籍もあって、三部作の終点と同時にYMOへの起点とも見なされる。実際、シンセサイザーの使用など、音響面でのプレ・テクノ的な変化も目立つ。まず足を踏み入れ、異界に同化し、最後は未来に向かう。三部作で示した細野の足取りは、過去や異郷へのノスタルジアは未来を想像することと同じだというメッセージとなって後世に遺伝してゆく。⑨のラストに登場する細野のセリフ「この次はモアベターよ」は映画評論家小森和子を真似たギャグだが、細野らしいユーモアを込めた本気の次回予告でもあった。

11月25日：イエロー・マジック・オーケストラ　アルバム『イエロー・マジック・オーケストラ』リリース

5月　新東京国際空港開港
6月　宮城県沖地震
　　　サザンオールスターズがメジャーデビュー
8月　日中平和友好条約締結

「だから『トロピカル……』のときはホントに全身とんでたわけ。『泰安洋行』は、足が地についてね、とんでたころを思いだしながら作った。で、『はらいそ』のころは、もうかなり虚しくなってて、すでに次のことを考えてた。ソロ・アルバム作るのは当分やめよう、と。それで始めたのがYMOだった……」

（『はっぴいえんど伝説』萩原健太／八曜社／1983年）

『コチンの月』

キングレコード

1. ホテル・マラバル 一階……海の三角形／2. ホテル・マラバル 二階……動く三角形／3. ホテル・マラバル 屋上……レベル・アタック／4. 肝炎／5. ハム・ガラ・サジャン／6. マドラス総領事夫人

1978年は細野のイマジネーションが爆発的にひらけた年で、一気に3枚の重要アルバムをリリースしている。4月に『はらいそ』、横尾忠則と制作した本作が9月、そして11月に『イエロー・マジック・オーケストラ』。画期的なソロ2作の狭間にある本作は、シンセを主体とした神秘主義的な音響作品。単に美術と音楽の関係性だけでなく、ともに訪れたインドでの体験（UFO目撃や体調不良など）が創作の重要な基盤になっている。坂本龍一、YMOのマニピュレイターとなる松武秀樹の参加もあるが、むしろ80年代半ば以降に細野が取り組むアンビエント的なアプローチを思わせるし、未来から届いた預言みたいな作品でもあった。海外での評価も高い。

『PACIFIC』
CBS・ソニー

『イエロー・マジック・オーケストラ』

アルファレコード

1. コンピューター・ゲーム“サーカスのテーマ”／2. ファイアークラッカー／3. シムーン／4. コズミック・サーフィン／5. コンピューター・ゲーム“インベーダーのテーマ”／6. 東風／7. 中国女／8. ブリッジ・オーバー・トラブルド・ミュージック／9. マッド・ピエロ／10. アクロバット

構想（マーティン・デニーの②をシンセ・ディスコ化する）の段階では、細野は林立夫と佐藤博をメンバーの候補としていた。しかし、非ファンク的なグルーヴを目指して高橋幸宏、坂本龍一を抜擢。ここでYMOは誕生した。本作では1976年の中華街ライヴでも演奏された②も加えてよければ、③④⑧⑨とアルバムの半分を細野楽曲が占めるように、主導権は細野。せわしなく刻まれるパルス音の印象が強いアルバムの中で、③に漂う壮大なロマンチシズムも細野らしさだ。ライヴで定番となる坂本の⑥、高橋の⑦も大ブレイク前夜を飾る名曲。国内では未ヒットに終わったが、翌年、本作の全米リリースが実現（電子蛇女ジャケ）、YMOの運命が動き出す。

「ある時期、自分には音楽なんかないほうがいいと思って、本気で出家を志したんです。で、『はらいそ』で音楽は最後にしようと思ってたんです。（中略）ところがその後、出家しないでYMOをやっちゃったんですけど（笑）」

（『THE ENDLESS TALKING 細野晴臣インタビュー集』北中正和 編／筑摩書房／1992年）

Talk About Hosono

坂本龍一

細野さんはデビューした時からリーダーっぽいんです。当時の写真を見ても、立派なリーダーの風格があって。もちろんYMOの時も実質的にはリーダーでしたけど、いつもそうだったし、今もそういうふうに見える。かといって一般的なリーダーの特徴——声が大きいとか、人を威圧するとか、そういうわけではない、不思議な存在ですよね。生まれながらのリーダー的存在というか。細野さんは日本のロック・ポップス界において希有なほど音楽性の高い人で、いまだに変化し続けている。自分にとって面白いことがどんどん変わっていくだけで、変わってやろうと思ってるわけじゃないんでしょうけど、ほっとくと変わっちゃうんです。そこは僕も似てますね。すぐに飽きて他のことをやりたくなってしまう。ひとつのことを長く探求したほうがいいんじゃないかと、自分に関しては反省することもありますけど、細野さんはどうなんだろうな（笑）。

1980年、NHKホールのバックステージで

BOTTOM LINE
Cabaret
APPEARING
YELLOW MAGIC ORCHESTRA
NOVEMBER COMING
7 CHRIS RUSH
9-10
11-12
13

1979~1983

"THE MUSIC OF TOKYO"

東京の音楽

1978年、細野はスタジオ・ミュージシャンとして頭角を現していた坂本龍一、サディスティック・ミカ・バンドなどで活躍していた高橋幸宏を誘い、イエロー・マジック・オーケストラ（YMO）を結成。同年にファースト・アルバム『イエロー・マジック・オーケストラ』、79年にセカンド・アルバム『ソリッド・ステイト・サヴァイヴァー』をリリースし、2度のワールド・ツアーを経て、国内で一世を風靡する人気者となる。またシンセサイザーを導入し、ディスコのビートとオリエンタルなメロディを取り入れた斬新なテクノ・サウンドは世界にも衝撃を与え、ロンドン、ベルリンから都市発の新しい音楽が生まれる中、東京発のユニークなサウンドを生みだしていった。81年、YMOはニューウェイヴに触発された『BGM』、『テクノデリック』という2枚の先鋭的なアルバムを発表。83年のアルバム『浮気なぼくら』では歌謡曲に大胆にアプローチした。同年、YMOは散開。84年、散開コンサートを素材にした映画『プロパガンダ』公開。またこの頃、細野はプロデューサー、作曲家としても多くのアーティストの作品を手掛け、松本隆と共にNo.1ヒットを生みだすなど、精力的な活動を行う。

1979

昭和54年（32歳）

「YMO」の時代到来。東京から世界へ、瞬く間のワールドワイド。

5月30日：イエロー・マジック・オーケストラ　US版アルバム『イエロー・マジック・オーケストラ』リリース

6月1日：V.A.（細野晴臣ほか）　オムニバス・アルバム『エーゲ海』リリース

8月：イエロー・マジック・オーケストラ　アメリカ・ロサンゼルスでチューブスのオープニング・アクトを務め、初の海外ライブ／単行本『レコード・プロデューサーはスーパーマンをめざす』（細野晴臣 著／CBS・ソニー出版）発刊

9月25日：イエロー・マジック・オーケストラ　アルバム『ソリッド・ステイト・サヴァイヴァー』リリース

10月：イエロー・マジック・オーケストラ　初のワールド・ツアー「トランス・アトランティック・ツアー」開催

『イエロー・マジック・オーケストラ』US版
A&Mレコード

『エーゲ海』
CBS・ソニー

『レコード・プロデューサーはスーパーマンをめざす』

「東京っていうのは、ひとつの実験場で、ぼくたちは実験動物で、汚されて変わってきたというわけ。そして、東京の音楽。これが売りものになるっていうから不思議なんだけど、ぼくのプロデュースの核はそれなんだ。東京の音。それが、イエロー・マジックのタイトルなんだ。ブラック・マジック（黒魔術）とホワイト・マジック（白魔術）、善と悪の対立じゃなくて、トータルな融合された世界だ」

（『レコード・プロデューサーはスーパーマンをめざす』細野晴臣／CBS・ソニー出版／1979年）

11月：単行本『地平線の階段』（細野晴臣 著／八曜社）発刊

1月　アメリカ合衆国と中華人民共和国が国交樹立
2月　イラン革命勃発、ホメイニ師帰国
　　　中越戦争勃発、3月に終了
3月　中東和平調印
　　　アメリカのスリーマイル島原子力発電所で放射能漏れ事故
7月　ソニーがウォークマン発売

「イエロー・マジック・オーケストラでは、下半身モヤモヤ、みぞおちワクワク、頭クラクラというのをやりたい。言いかえれば、低音、中音、高音、あるいはリズム、メロディ・和音、コンセプトですね。自分に気持のいい音楽を、自分の中から出てきたのを聞くんじゃなくて、バンドのみんなが集まって、しかもコンピューターとかシンセサイザーみたいな、それ自体が人間の顔を持たないようなものが音楽を作っていって、それを聞いて、自分がどれくらい気持よくなれるのかと」

（『ニューミュージック・マガジン』／ニューミュージック・マガジン／1978年10月号）

『地平線の階段』

『ソリッド・ステイト・サヴァイヴァー』

アルファレコード

1. TECHNOPOLIS ／ 2. ABSOLUTE EGO DANCE ／ 3. RYDEEN ／ 4. CASTALIA ／ 5. BEHIND THE MASK ／ 6. DAY TRIPPER ／ 7. INSOMNIA ／ 8. SOLID STATE SURVIVOR

YMOのトレードマークにして時代を変えた大ヒット作品。しかし、制作中の彼らにはまだそうしたプレッシャーもなく、シンセによるディスコやニューウェイヴ表現を楽しむ自由な気分があったという。坂本龍一作の①がピンクレディーを意識していたという逸話が象徴的かもしれない。彼らが社会現象になっていくのはワールドツアーの熱狂が日本でも報じられ、①③が大ヒットする1979年末以降のこと。細野は②⑦のみを提供し、全体のプロデュースに徹した感があるが、沖縄＋スカのミクスチャーを提示した②など、アイデアやコンセプト作りでの切れ味は際立つ。なお、②は2019年に実現した細野のアメリカ公演でも演奏され、大きな喝采を浴びていた。

「マーティン・デニーのオリジナル『ファイアー・クラッカー』をシンセサイザーを使用した、エレクトリック・チャンキー・ディスコとして45回転LPで発表、世界的ヒットをねらい目標は400万枚」

（「YMO構想のためのノート」1978年）

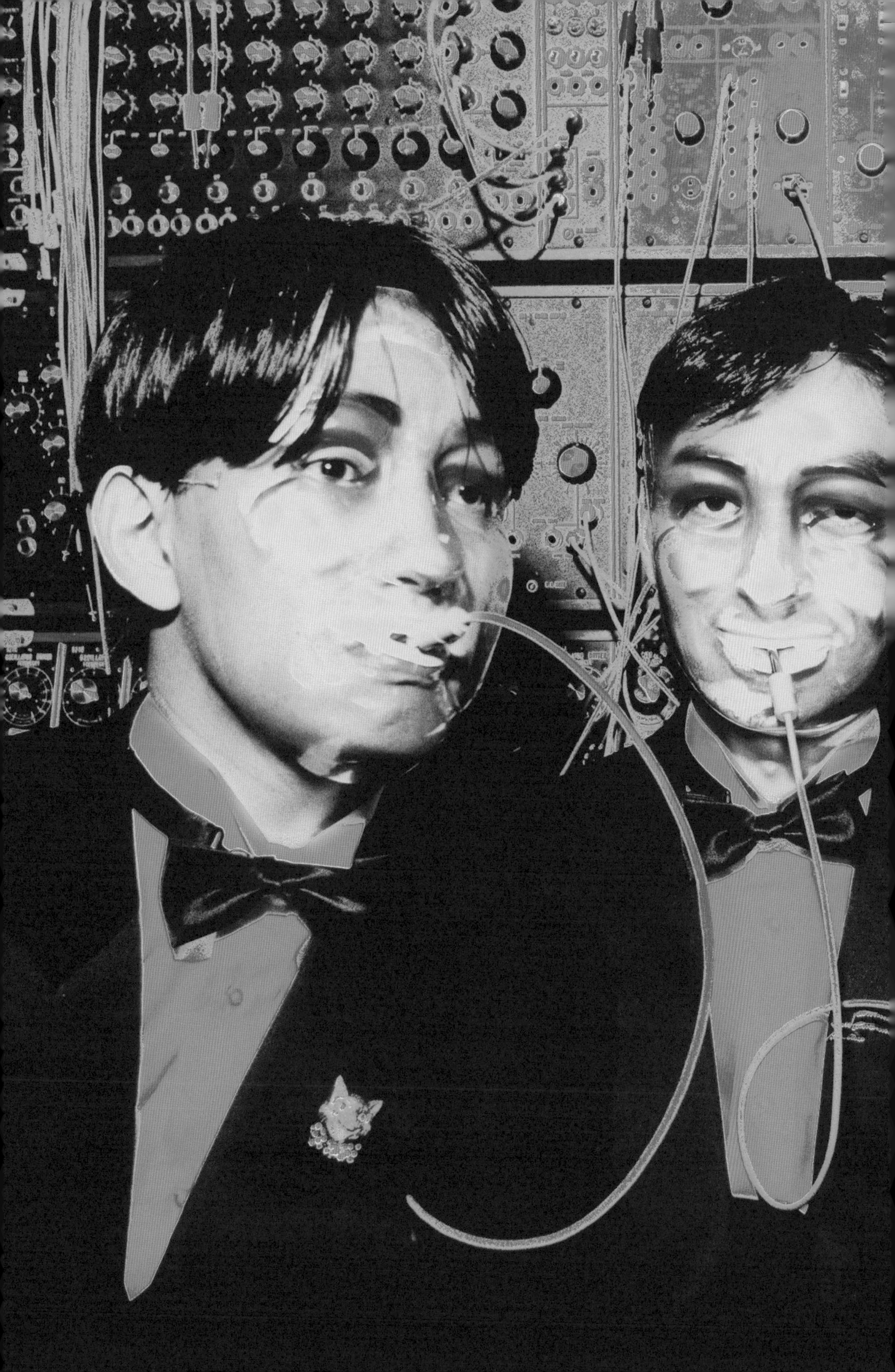

1980

昭和55年（33歳）

YMO現象、まさに「増殖」。

2月21日：イエロー・マジック・オーケストラ　ライブ・アルバム『パブリック・プレッシャー／公的抑圧』リリース
3～4月：イエロー・マジック・オーケストラ　初の国内ツアー「テクノポリス2000-20」開催
6月5日：イエロー・マジック・オーケストラ　アルバム『増殖』リリース
10～11月：イエロー・マジック・オーケストラ　第2回ワールド・ツアー「FROM TOKIO TO TOKYO」開催

5月　韓国、光州事件
7月　モスクワオリンピック開幕。日本を含む67か国が不参加
8月　ポーランド民主化運動、9月「連帯」設立
9月　ピンク・レディー解散発表
　　イラン・イラク戦争勃発
12月　ジョン・レノン銃殺事件

『パブリック・プレッシャー／公的抑圧』

アルファレコード

1. ライディーン／2. ソリッド・ステイト・サヴァイヴァー／3. 東風／4. ジ・エンド・オブ・エイジア／5. コズミック・サーフィン／6. デイ・トリッパー／7. ラジオ・ジャンク／8. 中国女／9. バック・イン・トキオ

YMOにとって初のチャート1位にしてミリオン・セラー作品は意外にも前作ではなく、このライヴ盤が先だった。1979年の夏と秋に行われたワールド・ツアーの評判と、シングル「テクノポリス」の大ヒットが起爆剤となった。LA、ロンドン、ニューヨーク、東京と4カ所のライヴを収録している。なお、実際のツアーには渡辺香津美が参加していたが、契約上の問題で演奏が削除されている（その編集が、逆にYMOの未来性を高めたという説も強い）。細野楽曲はLAで演奏された⑤のみ。スタジオ版に比べ、ストレートなエイトビートでダンサブルになった。「無名だけどすごいんだ」と紹介されるMCから演奏になだれ込む様子はドキュメンタリーのようだ。

『増殖』

アルファレコード

1. JINGLE"Y.M.O."／2. NICE AGE／3. SNAKEMAN SHOW／4. TIGHTEN UP(JAPANESE GENTLEMEN STAND UP PLEASE!)／5. SNAKEMAN SHOW／6. HERE WE GO AGAIN～TIGHTEN UP／7. SNAKEMAN SHOW／8. CITIZENS OF SCIENCE／9. SNAKEMAN SHOW／10. MULTIPLIES／11. SNAKEMAN SHOW／12. THE END OF ASIA

社会現象的な大成功が彼らにもたらしたのは、異常な多忙とストレスだった。ライヴ盤の続編をとの要請もあったが、彼らは拒否。通常のアルバムより小さい10インチ（25センチ）盤での新作の制作に着手した。曲と曲をつなぐ“スキット”にはカルト的人気のラジオ番組「スネークマンショー」のコントも収録。その流れで小林克也はアーチー・ベル＆ザ・ドレルズのカヴァー④にも客演した。1980年代的なカルチャー性を先駆的に備えた点でも本作の影響力は大きい。ジャケットの増殖人形は別の広告デザインからの流用で、これも「YMOらしさ」の流布に大きく貢献した。細野楽曲のないアルバムだが、ギャグを交えた構成そのものが細野色とも言える。

1980年、YMO日本武道館公演

「イエロー・マジック・オーケストラというのは、ぼくの自己改革みたいなことと、かなり密接にかかわっているんだ。遊びに見られているけど、ぼくの自己改革を反映させようとしている、ただただマジメなバンドだよ」

（『レコード・プロデューサーはスーパーマンをめざす』細野晴臣／CBS・ソニー出版／1979年）

「常に変化してゆくこと。ひとつひとつがすぐれていて、しかも際限なく、どんどんよくなってゆく。可能性が広がってゆくっていうのが、このグループ全体のコンセプトなんだよ」

（『レコード・プロデューサーはスーパーマンをめざす』細野晴臣／CBS・ソニー出版／1979年）

1981

昭和56年（34歳）

メディアを席巻するYMO。カルチャー・アイコンへ。

2月21日：スネークマン・ショー アルバム『スネークマン・ショー（急いで口で吸え）』リリース（YMOなどで参加）

3月21日：YMO アルバム『BGM』リリース

4月：写真集『OMIYAGE -YMO写真集GORO特別編集』（小学館）発刊

8月5日：イモ欽トリオ シングル「ハイスクールララバイ」を作曲（作詞：松本隆）、作曲家として初めてオリコンチャート1位を獲得

11月21日：YMO アルバム『テクノデリック』リリース

11～12月：YMO 国内ツアー「ウィンター・ライヴ'81」開催

『BGM』

アルファレコード

1. バレエ／2. 音楽の計画／3. ラップ現象／4. ハッピーエンド／5. 千のナイフ／6. キュー／7. ユーティー／8. カムフラージュ／9. マス／10. 来たるべきもの

ビートは無機的かつミニマルに、メロディの起伏は減り、ムードはヨーロッパ的で暗い。だが、本作を90年代以降のテクノ・ムーヴメントの先駆として彼らの最高傑作に挙げる声は今も高い。芸能人のように受け止められる状況やバンド内での軋轢などマイナス要素も強い中、本当にやりたいことに向かうことでYMOの歴史が何とか繋ぎ止められたとも言える。細野楽曲は③⑥⑨。最初にシングルカットされた⑥は高橋幸宏との共作で、中期YMOの指針となった曲。③は文字通りのラップ曲で、のちのF.O.Eへのつながりも想起させる。ピーター・バラカンがアルバム全体で歌詞の英訳に助力するなど、YMOで初めて意図的に「作詞」が行われた作品でもあった。

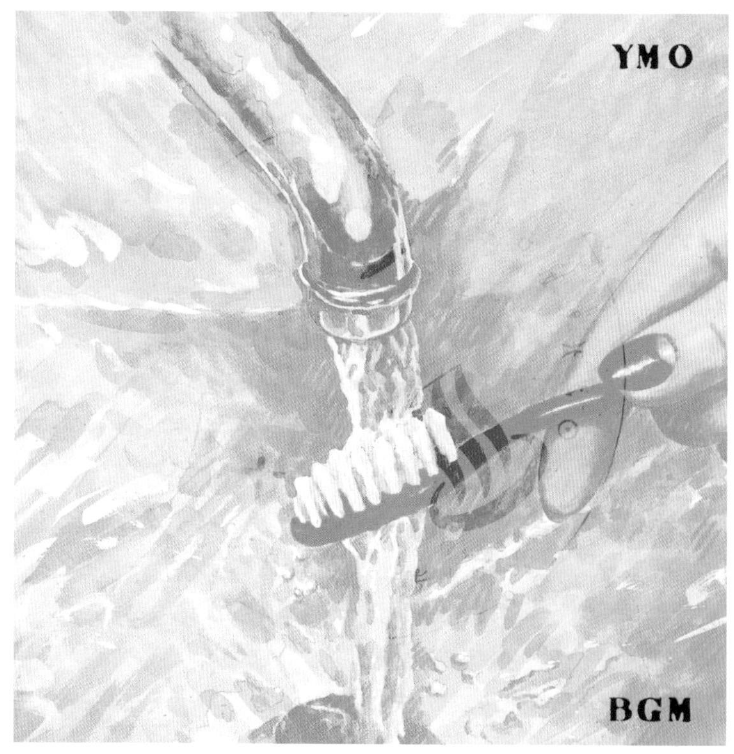

Design & artworks by Okumura Yukimasa 1981

2月 東京、有楽町の日本劇場が48年の幕を閉じる
3月 中国残留日本人孤児の47名が初めて正式来日
4月 スペースシャトル・コロンビアが初の打ち上げ成功
6月 アメリカ、ロサンゼルスで最初のAIDS患者が見つかる
7月 英国でダイアナ妃がチャールズ皇太子と結婚
10月 フランス、死刑廃止

『スネークマン・ショー(急いで口で吸え)』
アルファレコード

『OMIYAGE－YMO写真集 GORO特別編集』

「結果的に『BGM』は二位までいったけど、その後YMOの人気は下降線をたどる、と。そういう読みも当然あったのね。ま、自滅の彷徨をたどったわけです(笑)。方法論は捨てちゃった。こうやったからこれだけ売れたとか、そういうものにいっさい触れたくない。分析もしたくない。新しいと思ってやったことはすべて自分のためになってるんだって自信があるから。常に破壊と再生を繰り返していく、と。そういう世の中の法則にのっとってやってるに過ぎないんですけどね」

(『はっぴいえんど伝説』萩原健太/八曜社/1983年)

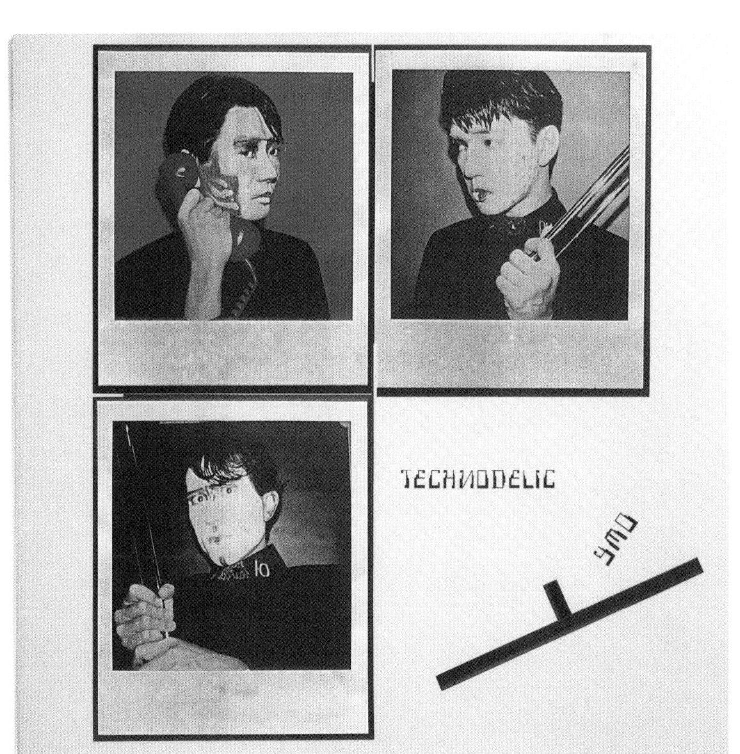

Design & artworks by Okumura Yukimasa 1981

『テクノデリック』

アルファレコード

1. ジャム/ 2. 新舞踊/ 3. 階段/ 4. 京城音楽/ 5. 灯/ 6. 体操/ 7. 灰色の段階/ 8. 手掛かり/ 9. 前奏/ 10. 後奏

衝撃的な前作『BGM』からわずか8か月のスパンでの新作リリース。タイトルは「テクノ」と「サイケデリック」を掛け合わせた造語。前作で挑んだミニマル感の延長線上にあるサウンドを応用拡張しながらひと呼吸置いた人間的なムードが印象的だ。細野楽曲はYMO3人名義の②、高橋幸宏との共作⑧、単独曲⑦。細野はこの年の8月にはイモ欽トリオ「ハイスクールララバイ」の作曲で自身初のチャート1位を獲得していたが、その一方で精神面での落ち込みも激しく、その心情が⑦に如実に表れているとも思える。また、プロデュースが細野単独から「細野+YMO」名義となり、結成以来の細野プロジェクトとしての役割は、ほぼ本作で完結した。

1982

昭和57年（35歳）

ソロ活動を再始動。

2月：YENレーベルを設立

4月：山下久美子　シングル「赤道小町ドキッ」を作曲（作詞：松本隆）、オリコン2位

5月21日：細野晴臣　アルバム『フィルハーモニー』リリース

細野晴臣　ソノシート「夢見る約束」（『フィルハーモニー』初回盤特典）

6〜7月：『高橋幸宏ツアー　1982』参加

8月21日：カセット『音版ビックリハウス・逆噴射症候群の巻』（参加）発売

11月21日：細野晴臣　シングル「三国志メイン・テーマ」リリース

「夢見る約束」
アルファレコード／YEN

「三国志メイン・テーマ」
アルファレコード／YEN

「松本隆が作詞家になる決意をし、彼の意図によって『はっぴいえんど』が流行歌の制作チームとして仮想的に再結成され、それ以来自分にも職業作家の意識が芽生えたのだ。ぼくの歌謡曲体験はその松本隆の罠にはまったともいえる。いい意味で」

（『細野晴臣の歌謡曲　20世紀ボックス』ブックレット、コロムビアミュージックエンタテインメント／2009年）

12月16日：カセット『音版ビックリハウス・ウルトラサイケビックリパーティー』（参加）発売

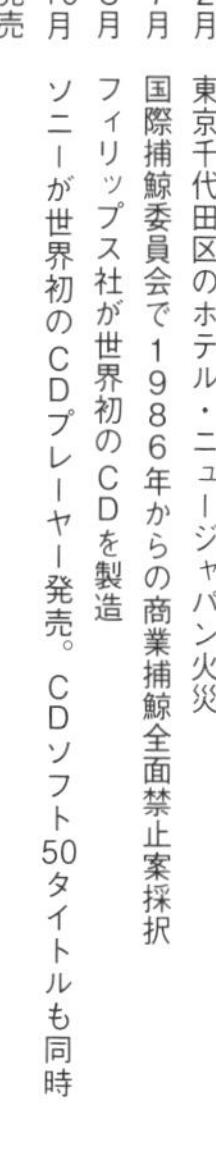

2月　東京千代田区のホテル・ニュージャパン火災
7月　国際捕鯨委員会で1986年からの商業捕鯨全面禁止案採択
8月　フィリップス社が世界初のCDを製造
10月　ソニーが世界初のCDプレーヤー発売。CDソフト50タイトルも同時発売

『フィルハーモニー』

アルファレコード／YEN

1. ピクニック／2. フニクリ、フニクラ／3. ホタル／4. プラトニック／5. リンボ／6. L.D.K.／7. お誕生会／8. スポーツマン／9. フィルハーモニー／10. エア・コン

YMOをやっている間はソロは出さないと考えていた細野だが、高橋幸宏との共同主宰となるYENレーベルの立ち上げの第1弾として、4年ぶりのソロ・アルバムをリリースすることに。望まれての作品という側面もあったが、YMOでの活動にまつわるストレスから離れる必要もあったのだろう。とはいえ、同時期の3人のソロ作中でも最もYMO的なサウンドだったことが興味深い。子供にも有名なイタリア民謡②を除き、すべて細野のオリジナル。ひんやりとしたムードのなかにもナンセンスなユーモアやキュートさを感じさせる内容は海外でも高く評価されており、とりわけ⑧はアメリカで人気の高い曲だ。

「日本の歌謡曲は、子供のころにラジオ歌謡というジャンルがあったんですけど、その影響が強いですね。小學唱歌のような衒いのない音楽というか。そういう意味では庶民派なんです。若者特有の何かをポップでやろうとしたわけではなく、普遍的なものを求めていた」

（『細野晴臣の歌謡曲 20世紀ボックス』ブックレット、コロムビアミュージックエンタテインメント、2009年）

昭和58年（36歳）

80年代前半を一気に駆け抜け、YMO、衝撃の散開。

3月25日：YMO　シングル「君に、胸キュン。」リリース
4月27日：松田聖子　シングル「天国のキッス」を作曲（作詞：松本隆）オリコン1位。YMO　シングル「君に、胸キュン。」オリコン2位
5月24日：YMO　アルバム『浮気なぼくら』リリース
7月27日：YMO　シングル「過激な淑女」リリース
8月1日：松田聖子　シングル「ガラスの林檎」を作曲（作詞：松本隆）オリコン1位
9月7日：中森明菜　シングル「禁区」を作曲（作詞：売野雅勇）オリコン1位
9月28日：YMO　シングル「以心電信」リリース

「なにせ一度整理がついちゃったものには、もう興味がなくてね。もう一度混沌の中でやっていくってのが快感なんだ」
（『はっぴいえんど伝説』萩原健太／八曜社／1983年）

「YMOに関していえば、最初から内部分裂してたし、最初から3人とも違うということを宣伝してきたから、本当のファンは今さらそんなことに興味ないいんじゃないかな。彼らは、YMOの〝散開〟に関して、もっと深い思いやりのようなものを抱いてくれると、そのへんは期待してます。お祭りは終わったというコトで……」
（『GORO』小学館／1983年11月号）

「君に、胸キュン。」
アルファレコード／YEN

「過激な淑女」
アルファレコード／YEN

10月：YMOの散開を発表

11月12日：映画『居酒屋兆治』（降旗康男 監督）公開（居酒屋の客である公務員役で出演）

11〜12月：YMO　散開ツアー「1983 YMOジャパンツアー」開催

11月28日：V.A.（細野晴臣ほか）アルバム『WE WISH YOU A MERRY CHRISTMAS』リリース

12月14日：YMO　アルバム『サーヴィス』リリース

3月　西ドイツで「緑の党」が議会に初進出

4月　千葉県浦安市に東京ディズニーランド開園。アメリカ国外初

『浮気なぼくら』

アルファレコード／YEN

1. 君に、胸キュン。(浮気なヴァカンス）／2. 希望の路／3. FOCUS／4. 音楽／5. OPENED MY EYES／6. 以心電信（予告編）／7. LOTUS LOVE／8. 邂逅／9. 希望の河／10. WILD AMBITIONS

まさかの日本語ポップスとして大ヒットした①（松本隆作詞）で、大変身と見なされた本作。すでに3人の中では解散（散開）が既定事項だったというし、ある意味、この開き直りのようなポップさは延長戦ゆえのコスプレ感覚で生まれたものだとも言える。だが、それが「本来とはかけ離れた姿」とは言い切れないのが彼らの面白さだろう。スネークマンショーとのコラボや『オレたちひょうきん族』への出演など笑いとの垣根を設けない姿勢は一貫してあったものだし、歌謡曲作家としての実績もすでに彼らにはあったのだから。3人共作の①以外には、高橋幸宏との共作③、坂本龍一との共作⑩、単独曲の⑦とアルバムの中でも硬派な楽曲を細野は提供している。

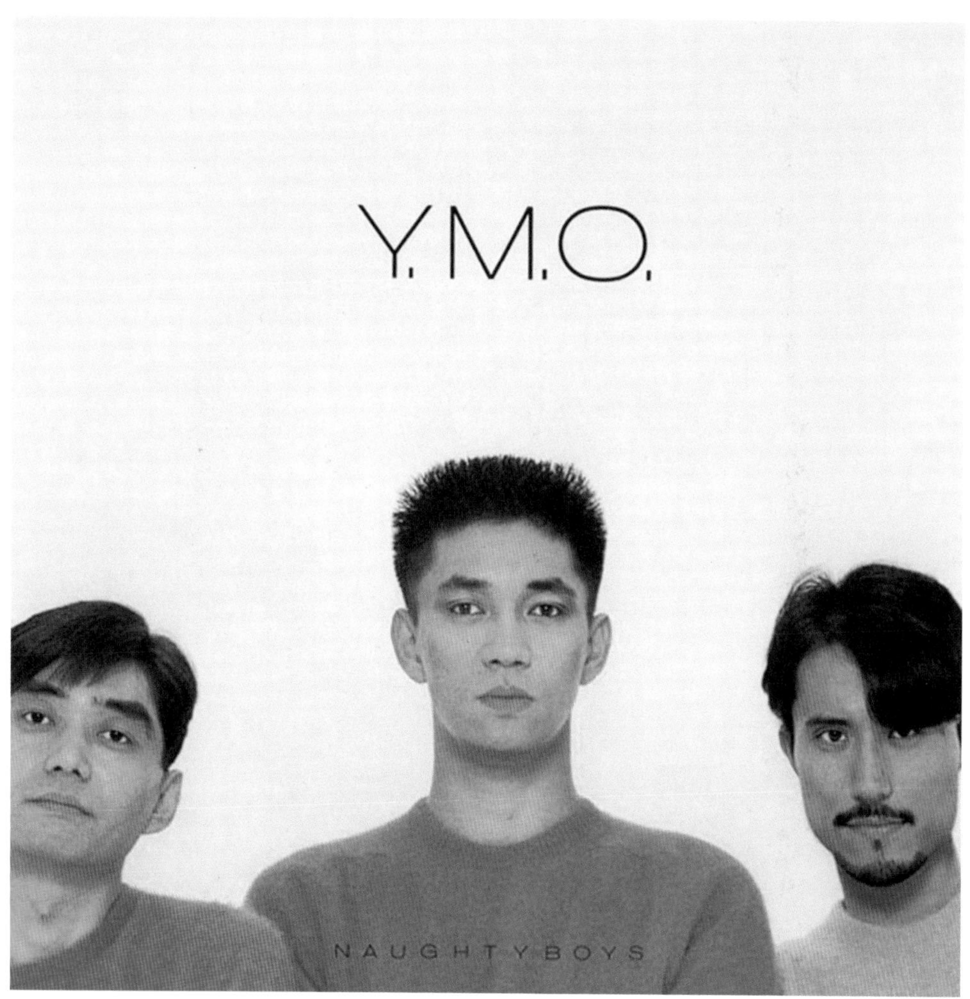

「YMOは、ぼくにとって時代との接点だった。あれでひとつ燃焼しちゃいましたね。そういう時期だったんです。YMOは最初から、これはイケるな、アタるな、と思って始めたからね。しかも複数で。ここがポイントなんだ。もし一人でやってたら、ああはいかなかったろうね。たしかにぼくの本質はああいったポップスなんだけど、ソロでやると必ずちょっとマトのはずれたものを作っちゃう。でも、複数でやると、すごくデザインされたものになるでしょ、計算が必要になってくるから。ぼくはYMOで、自分と時代との交差点を渡ったんですよ……」

（『はっぴいえんど伝説』萩原健太／八曜社／1983年）

「以心電信」
アルファレコード／YEN

『WE WISH YOU A MERRY CHRISTMAS』
アルファレコード／YEN

『サーヴィス』

アルファレコード／YEN

1. Limbo／2. S.E.T.／3. The Madmen／4. S.E.T.／5. Chinese Whispers／6. S.E.T.／7. 以心電信／8. S.E.T.+YMO／9. Shadows on the Ground／10. S.E.T.／11. See-Through／12. S.E.T.／13. Perspective／14. S.E.T.

YMOの散開ツアー中のリリース。つまり「ラスト・アルバム」なのだが、普通の作品にはならなかった。かつての『増殖』や『スネークマンショー』のフォーマットに則り、曲と“スキット”で構成されたヴァラエティ・アルバムになっている。そこに抜擢されたのは三宅裕司率いる劇団S.E.T.（スーパー・エキセントリック・シアター）。感慨とは無縁の内容は当時も賛否両論を呼んだし、現在ではあまり振り返られにくい作品になっているのが惜しい。細野楽曲③はリズム面でのアプローチも含め、トーキング・ヘッズ的な魅力のある人気曲。すでにシングルとしてヒットしていた⑦は作詞のみ（英訳はピーター・バラカン）を細野が担当した珍しいパターンだった。

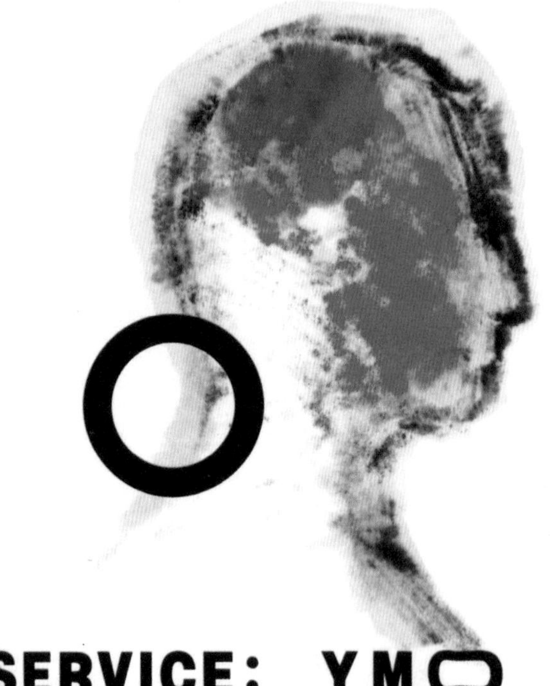

2

細野晴臣 使用楽器

デジタル・インストゥルメンツ編

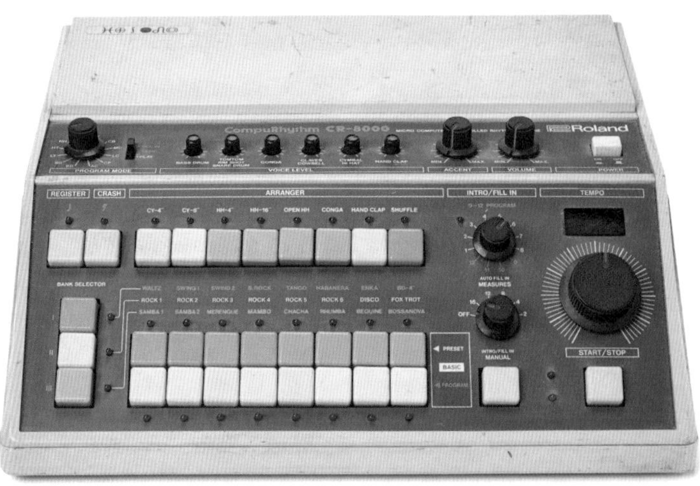

ローランドCR-8000。ローランドによる1980年発売のリズム・マシン。同じローランドのリズム・マシン、TRシリーズの前後に発売された。「これはもらいものです。誰からもらったかというと忌野清志郎。僕が持っていたチャランゴをあげたかわりに、清志郎がくれたんです。使ったことはないけど、強いて言えばこれから使いたい楽器。今、使ってみたい」

ローランドVP-330。1979年に発売された人間の声をロボット・ヴォイスなどに変換するヴォコーダー。アルバム『ソリッド・ステイト・サヴァイヴァー』(1979年) 収録の「テクノポリス」における「TOKIO」のコーラスなどで有名。YMOのテクノ・サウンドを象徴する楽器のひとつとして知られる。「僕はあまり使わなかったんじゃないかな。『シムーン』(『イエロー・マジック・オーケストラ』〔1978年〕収録)ではVP-330より前の機種、コルグVC-10というヴォコーダーを使ったはずですね」

ローランドJUPITER-8。ローランドによる1980年発売のポリフォニック・シンセサイザー。YMOのアルバム『BGM』(1981年) の頃から使用され、アルバム『テクノドン』(1993年) に収録された「BE A SUPERMAN」や「WATERFORD」ではJUPITER-8によるベース演奏を聴くことができる。「このシンセサイザーの特徴は内部シーケンサーがあって、16ビートの和音を自動演奏してくれるところ。今はソフトウェア・シンセサイザーでJUPITER-8の音が再現できるので、それを使っています」

E-mu Emulator Ⅰ。音響機器メーカー E-mu systemsが1981年に発売したサンプラー。ソロ・アルバム『フィルハーモニー』(1982年)やYMOのアルバム『浮気なぼくら』(1983年)などで使用。プロデュースを務めたノンスタンダード・レーベルのさまざまな楽曲でも多用された。「『フィルハーモニー』を制作している時に使い始めたんですよね。その時に使い倒して燃え尽きました(笑)。サンプリング周波数が27kHzと低く、解像度が8ビットくらいの粗い音はこれでしか出せないので、いまだに使いたい楽器のひとつです。音源をサンプリングした8インチのフロッピーディスクを読み込んで使うんですけど、読み込む機械がもう動きませんね」

ヤマハDX-7。ヤマハが1983年に発売した世界初のフル・デジタル・シンセサイザー。『S·F·X』(1984年)収録の「ボディー・スナッチャーズ」などで聴こえる木管楽器の音や、『オムニ・サイト・シーイング』(1989年)収録の「キャラバン」におけるレス・ポールのフレーズは、DX-7によって演奏されている。映画『パラダイスビュー』(1985年)でも使用。「YMO散開の後、よく使ってました。もっと前から使ってる気がするな。それくらいいっぱい使ってます、これは」

ローランドTR-909。TR-808の後継機として1981年に発売されたリズム・マシン。「ヤオヤと並行して使ってました。あっちは和太鼓系。こっちはエッジが立っていて、よりモダンな音ですよね。ヤオヤのほうが好きだったけど、これもときどき使いたくなります」

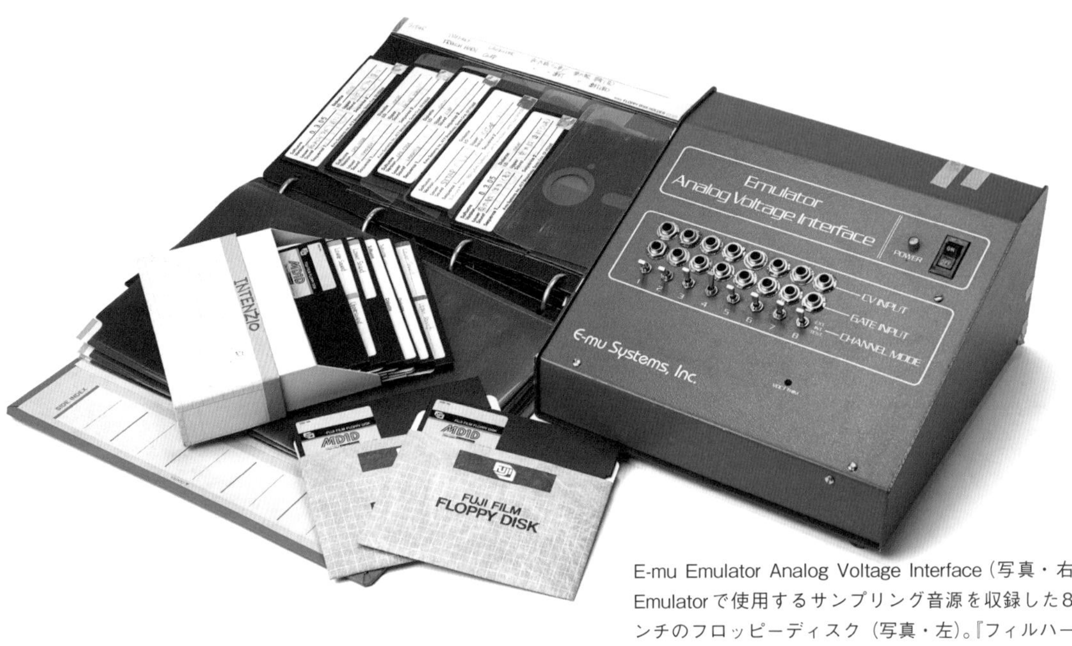

E-mu Emulator Analog Voltage Interface（写真・右）。Emulatorで使用するサンプリング音源を収録した8インチのフロッピーディスク（写真・左）。『フィルハーモニー』（1982年）で使用された写真家・鋤田正義の息の音やデザイナー・奥村靫正の「ウーン」、藤村美樹の「ふー」などが音源として収められている。

E-mu SP-12。E-muが1986年に発売した12ビットのサンプリング機能を内蔵するドラム・マシン。「TRシリーズの後、リン・ドラムを使うようになって——それは自分では持たなかったので展示できないですけど——、初期のリン・ドラムと第二世代のリン・ドラムは多用したんです。その後、SP-12が出てきたので試してみたんですが、クォンタイズ（リズムのズレを修正・調整する機能）がしにくかったんですね。リズムの揺れも作れなかった。だからそこまで使わなかったような気がします」

アープ・オデッセイ。アナログ・シンセサイザーの代表的メーカーのひとつ、アープが1972年に発売した小型のシンセサイザー。YMOのアルバム『イエロー・マジック・オーケストラ』（1978年）から使用され、細野はシンセベースとしてレコーディングやライブで用いた。初期YMOで使われたアープ・オデッセイは、坂本龍一の私物を除き、松武秀樹が用意したものだったが、本機はYMO散開後に細野が買い直したもの。「でもこれはもう音が出ないんです。だから『HOCHONO HOUSE』（2019年）では、新しく買ったモジュール・タイプのアープ・オデッセイでベースの音を作りました。これでしか出せないベースの音があるんです」

ローランドTR-808。ローランドが1980年に発売したリズム・マシン。通称“ヤオヤ”。YMOのアルバム『BGM』(1981年)から使用され、その音色や斬新なプログラム方式によって、国内外の音楽シーンを席捲した。「最初に買ってから買い直していないので、音が出たり出なかったりしますね。つまみもガリガリ言いますから。でも離れがたいので、いまだに手元に置いてあります。『フィルハーモニー』(1982年)をLDKスタジオで制作していた時、ヤオヤでリズムを組み始めたら、フワーっておばあちゃんの幽霊が横切ったことがありましたね。ゾゾッとしてスタジオを出たら、近所でお葬式があった。それ以来、この音は幽霊を呼ぶ和太鼓の音のように聞こえます」

プロフェット5。シンセサイザー・メーカー、シーケンシャル・サーキットが1978年に発売したポリフォニック・シンセサイザー。YMOのアルバム『BGM』(1981年)の頃からメインで使用され、YMOのサウンドにおいて大きな比重を占めた。細野自身も90年代まで多用する。「プロフェット5が登場するまでは音色をメモリーできなかったので、どうやって音を作ったのか忘れちゃうんです。プロフェット5は限界まで使い倒したので、知り尽くしてる感じはしますね。初期YMOでは、松武秀樹さんに借りたポリモーグの上にコーヒーを載せたりしていて、こぼして怒られたことがあるんです(笑)。そういう意味でも、プロフェット5はよかったですね。そもそも載せられる場所がありませんから」

Talk About Hosono

高橋幸宏

1968年、16歳の時に細野さんと初めて会って、「この人はどういう人なんだろうな」とまず興味を持ちました。僕が大学生になって、細野さんがはっぴいえんどからソロになったあとの『HOSONO HOUSE』『トロピカル・ダンディー』や『泰安洋行』は、よく聴きましたね。僕は日本の音楽をあまり聴くほうじゃないんだけど、細野さんの音楽はずっと大好きでした。その後、一緒にバンドをやるようになって……最近つくづく思うのは、僕は最初から細野さんのファンだったんだということです。YMOであれ、SKETCH SHOWであれ、一緒にやっていても僕はあの人のファンだった。ただそれだけなんですよね。この間、細野さんの誕生日にメールしたんです。そうしたら「WOW」って返事が返ってきて(笑)。似合わないなと一瞬思ったけど、それがやっぱり細野さんなんですよ。

1982年のフォトセッションより

1984~2004

"THE MUSIC OF THE OTHER SIDE"

彼岸の音楽

1985年、日本各地の霊地を探訪して得たインスピレーションなどから、細野はアルバム『コインシデンタル・ミュージック』を始めとする一連の〝観光音楽〟を制作。同年、映画『銀河鉄道の夜』のサウンド・トラックを手がける一方、89年にはワールド・ミュージックに刺激を受けたソロ・アルバム『オムニ・サイト・シーイング』を発表し、都市発の音楽と決別する。90年以降は都市の喧騒から距離を置き、彼岸の海を漂うかのように、ミニマルなアンビエント・ミュージックの世界に没頭。96年、コシミハルとのユニット、スウィング・スローによるアルバム『スウィング・スロー』で20世紀の音楽をキーワードに掲げた頃から再びポップスに回帰し、2000年にはティン・パン・アレーのメンバーだった鈴木茂、林立夫と『Tin Pan』をリリースするなど、かつてのバンド仲間たちとの交流が再開する。またこの間、93年にはYMOが再生。高橋幸宏と結成したスケッチ・ショウでは、02年のアルバム『オーディオ・スポンジ』でエレクトロニカの響きに辿りつき、同アルバムに坂本龍一が参加したことから3人によるユニット、ヒューマン・オーディオ・スポンジ（HAS）が始動する。04年にはHASとして初のライブを行った。

1984

昭和59年（37歳）

YMOから「SFX」へ。アンビエントの海への船出。

1月25日：安田成美 シングル「風の谷のナウシカ」を作曲（作詞：松本隆）

2月22日：YMO ライブ・アルバム『アフター・サーヴィス』リリース

3月：写真集『YMO sealed 1978-1983』（小学館）発刊

4月25日：細野晴臣（プロデュース） アルバム『ビデオ・ゲーム・ミュージック』リリース

5月12日：YMO 映画『プロパガンダ』（A Y.M.O. FILM PROPAGANDA）（佐藤信 監督）公開

7月：ノン・スタンダード／モナドレーベルを設立

7月10日：単行本『音楽王 細野晴臣物語』（前田祥丈 編

『YMO sealed 1978-1983』
小学館

『アフター・サーヴィス』
アルファレコード／YEN

『ビデオ・ゲーム・ミュージック』

アルファレコード／YEN

1. Xevious ／ 2. Bosconian ／ 3. Pac-Man ／ 4. Phozon ／ 5. Mappy ／ 6. Libble Rabble ／ 7. Pole Position ／ 8. New Rally-X ／ 9. Dig Dug ／ 10.Galaga

1983年に発表された「ゼビウス」はゲーム創成期を代表する作品であり、その後のゲームの発展に大きな影響を与えた傑作。海、砂漠、森などを舞台にした洗練された画面構成、綿密に作り込まれたストーリー性など、それまでのシューティングゲームと一線を画していた同作は当時のサブカルチャー・シーンでも話題になった。ゼビウスのファンだったという細野は、そのサウンドに興味を持ち、日本初のゲームミュージック・アルバムである本作の監修を担当。「ゼビウス」「パックマン」「ギャラガ」といった人気ゲームの基盤からサウンドを抜き出し、自らリアレンジ、編集を手がけた。ゲームミュージックの可能性を広げた画期的な作品だ。

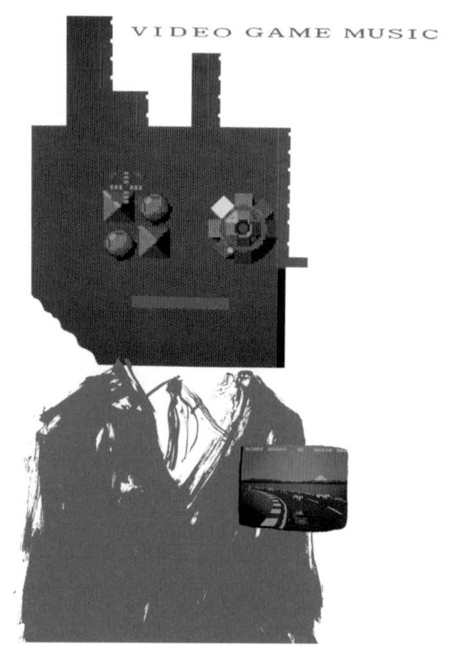

／シンコーミュージック）発刊

8月1日：松田聖子　シングル「ピンクのモーツァルト」を作曲（作詞：松本隆）　オリコン1位

8月29日：細野晴臣（プロデュース）　12インチ・シングル「スーパーゼビウス」リリース

9月10日：細野晴臣　カセット・ブック『花に水』（細野晴臣／冬樹社）発刊

11月10日：細野晴臣　限定12インチ・アルバム『Making of NON-STANDARD MUSIC/Making of MONAD MUSIC』リリース

12月：単行本『技術の秘儀』（細野晴臣、吉成真由美／朝日出版社）発刊

12月16日：細野晴臣　アルバム『S・F・X』リリース

1月　米国のアップルコンピュータがMacintoshを発表
8月　スペースシャトル・ディスカバリー、初の打ち上げに成功
10月　インド首相、インディラ・ガンジー暗殺
12月　イギリスと中国が香港返還合意に調印。97年に返還へ

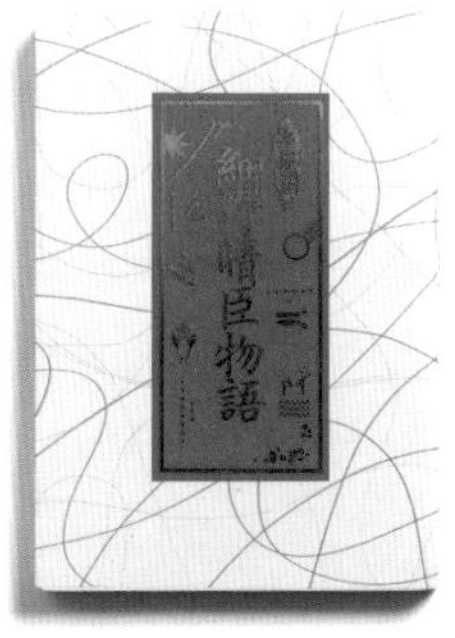
『音楽王 細野晴臣物語』

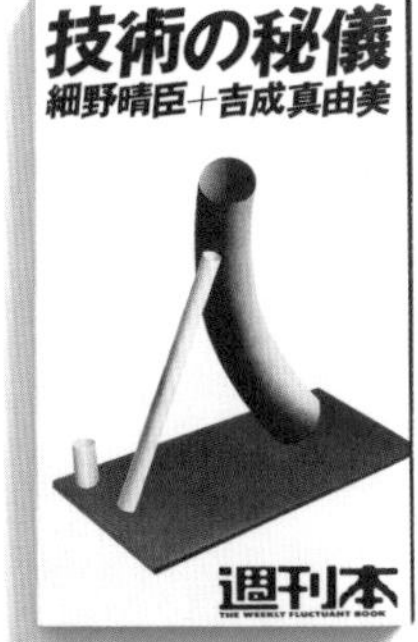

『技術の秘儀』

「スーパーゼビウス」
アルファレコード／YEN

『Making of NON-STANDARD MUSIC/Making of MONAD MUSIC』

テイチク／ノン・スタンダード

1. Non-Standard-Mixture ／ 2. Medium Composition;#1 ／ 3. Medium Composition;#2 ／ 4. 3·6·9

YMO散開の翌年、1984年に「ノン・スタンダードレーベル」「モナドレーベル」を立ち上げた細野。レーベル発足を記念し、「ノン・スタンダードレーベル」の第1弾として発表されたのが本作だ。硬質なテクノ系のリズムを取り入れた①では、YMOの『BGM』『テクノデリック』の手法を発展させた斬新なサウンドを表現。YMO以降の細野の方向性を鮮明に示した楽曲と言えるだろう。この曲のフレーズはスケッチ・ショウの「Turn Turn」（2002年）にも使用されるなど、細野にとっても重要な作品であることが窺える。バロック音楽のテイストが感じられる②③、荘厳なシンセ・サウンド、機械音などを取り入れた④など実験的な要素も多い。

『S・F・X』

テイチク／ノン・スタンダード

1. ボディー・スナッチャーズ／2. アンドロジーナ／3. SFX ／4. ストレンジ・ラヴ／5. 第3の選択／6. 地球の夜にむけての夜想曲

YMO散開後、初のソロアルバム。最新機材だったデジタル・シンセサイザーを導入。テクノ特有の近未来的なサウンドをさらに推し進め、YMO以降のスタイルを打ち出した。特筆すべきはリズムアレンジ。ローランドTR-808、TR-909、LINN Drumなどのリズム・マシンを使用した強靭かつ緻密なビートは本作のポイントだろう。ファンク、ヒップホップのテイストを打ち込みのビートで体現した①、細野らしいエキゾチックな音階とアジア的なリズムを組み合わせた②、ファンキーなベース、重層的なリズムトラックを軸にした③などは、発表から30年以上が経った現在でもきわめて刺激的だ。ゲストとしてコシミハル、久保田麻琴、サンディー、ピーター・バラカンなどが参加。

『花に水』

冬樹社

1. TALKING　あなたについてのおしゃべりあれこれ／2. GROWTH　都市にまつわる生長のことなど

無印良品の店内BGMとして制作された楽曲をまとめた作品。カセットブック（書籍とカセットテープを同梱した出版物）として発表され、A面には同じ旋律を少しずつ変化させながら繰り返す①、B面には憂いのあるシンセサイザーを軸にした②を収録。明確なリズムや派手なアレンジはなく、空間のなかで音が漂うようなサウンドは、当時注目され始めた環境音楽の先駆けだ。1980年代後半から90年代にかけて大きな潮流となったアンビエント・ミュージックの要素が含まれているのも興味深い。同梱された冊子には、「花と水」の名付け親である鍼灸治療師の久保山昌彦と細野の対談、宗教学者の中沢新一のコラム、俳句などを掲載。

『花に水』のフォトセッションから

『平凡パンチ』フォトセッションから

1985

昭和60年（38歳）

ソロ作、映画音楽、プロデュース活動。進化し続ける細野世界。

4月13日：映画『パラダイスビュー』（高嶺剛 監督）公開（音楽を担当／植物学者役で出演）

5月25日　V.A.（細野晴臣ほか）　アルバム『YEN卒業記念アルバム』リリース

6月：単行本『観光』（中沢新一との共著／角川書店）発刊／単行本『ネコの日』（細野晴臣、羽仁未央、遠藤賢司著／八曜社）発刊

6月15日：国立競技場での「ALL TOGETHER NOW」にはっぴいえんどが出演

6月21日：中原香織　／細野晴臣　シングル「銀河鉄道の夜／別離のテーマ」リリース

7月7日：細野晴臣（プロデュース）　アルバム『銀河鉄道の夜／NOKTO DE LA GALAKSIA FERVOJO』リリー

『観光』

「銀河鉄道の夜 / 別離のテーマ」
テイチク／ノン・スタンダード

『THE HAPPY END』
CBS・ソニー

「フレンド・オア・フォー？」
テイチクエンタテインメント

『YEN卒業記念アルバム』
アルファレコード／ YEN

『ネコの日』

ス

7月13日：アニメ映画『銀河鉄道の夜』（杉井ギサブロー監督）公開（音楽を担当）

8月21日：細野晴臣　アルバム『コインシデンタル・ミュージック』リリース

9月5日：はっぴいえんど　ライブ・アルバム『THE HAPPY END』リリース

9月21日：細野晴臣　アルバム『マーキュリック・ダンス～躍動の踊り』『パラダイスビュー』リリース

10月21日：細野晴臣　アルバム『エンドレス・トーキング』リリース

12月16日：フレンズ・オブ・アース／F.O.E　12インチ・シングル「フレンド・オア・フォー?」リリース

3月　つくば科学万博開幕
　　東北・上越新幹線上野駅開業
8月　日航ジャンボ機御巣鷹山墜落事故
9月　米仏の合同捜査チーム、大西洋で沈没したタイタニック号の船体を発見
　　ニューヨークで開催されたG5がプラザ合意

『銀河鉄道の夜 / NOKTO DE LA GALAKSIA FERVOJO』

テイチク／ノン・スタンダード

1. メイン・タイトル／2. 幻想四次のテーマ／3. 幻想と現実／4. 晴れの日／5. 星めぐりの歌／6. ジョバンニの幻想／7. ケンタウルスの星祭り／8. 天気輪の柱／9. よろこび／10. 北十字／11. プリオシン海岸／12. 幻想の歴史／13. 極楽のハープ／14. ジョバンニの透明な哀しみ／15. 一番のさいわい／16. 別離のテーマ／17. 走る／18. 45分／19. 鎮魂歌／20. エンド・テーマ「銀河鉄道の夜」

杉井ギサブロー監督のアニメーション映画『銀河鉄道の夜』（1985年）のために制作されたサウンドトラック。宮沢賢治の原作の世界を忠実に描き、質の高いエンターテインメントとして提示したこの映画において、エキゾチズムと郷愁をたたえた細野の音楽は極めて大きな役割を果たしている。壮大な宇宙空間を想起させるオーケストレーションから現代音楽、ミニマルテクノまで幅広い音楽要素が反映されているのも本作の特徴。『La Maison de Himiko』（2005年）や『万引き家族』（2018年）につながる、劇伴作家としての原点となる作品だ。2018年には未発表音源を加えた音源集『銀河鉄道の夜・特別版』が、鈴木惣一朗の選曲・構成によりリリースされた。

『コインシデンタル・ミュージック』

テイチク／モナドレーベル

1. リキテンシュタイン／2. ピエトロ・ジェルミ／3. ノルマンディア／4. 中国の人／5. サヨコスカッティ／6. マジンガー・H／7. ザ・プラン／8. 銀河鉄道の夜〜ピアノ・ヴァージョン／9. ジョルジュ・ドン／10. バイオ・フィロソフィー／11. メンフィス、ミラノ

1984年に立ち上げた「モナドレーベル」の第1弾。西武セゾンカードのCM曲①、日本生命ロングランのCM曲③④など、収録曲はすべて企業CMのために制作された楽曲。当時の細野は即興性に関心があり、本作に収められた楽曲は限られた時間で作曲、プログラミングなどが行われたという。クラシックの室内楽、アジア、ヨーロッパなどの民族音楽のテイストも盛り込まれるなど、細野の幅広い音楽性が感じられるのも本作の魅力。細野自身が出演した「コンタック600」のCM曲②はアルバム用に制作されたロングバージョン。中国的な雰囲気の④はHIS（細野、忌野清志郎、坂本冬美によるユニット）の「日本の人」としてリメイクされた。

『マーキュリック・ダンス 〜躍動の踊り』

テイチク／モナドレーベル

1. 日／水と光　太陽／2. 水／水銀〜躍動の踊り　水星／3. 金／美の生成　金星／4. 土／大地へ　地球／5. 火／火の化石　火星〜木／五十鈴　木星／6. 冥／水晶の演技　冥王星／7. 海／龍の道　海王星／8. 風／風の国　月／9. 空／空へ　真空

パワースポットとして知られる奈良県天川村を舞台にした映像作品のサウンドトラックとして制作されたアルバム。シンセサイザーの荘厳なサウンド、古来から伝わる宗教音楽のテイストなどが取り入れられたコンセプチュアルな作品だ。発売当時のレコードでは、A面（①〜⑤）は「天川〜戸隠サイド」、B面（⑥〜⑨）は「鹿島〜東京サイド」と名付けられ、A面は長野県の戸隠の山中、B面は東京のスタジオでレコーディング。穏やかな癒やしを感じさせる音像、後のエレクトロニカにも通じるサウンドメイクも印象的だ。エンジニアはヒーリングミュージックの第一人者であり、映画『天河伝説殺人事件』（1991年）の音楽を手がけた宮下富実夫が担当。

『パラダイスビュー』

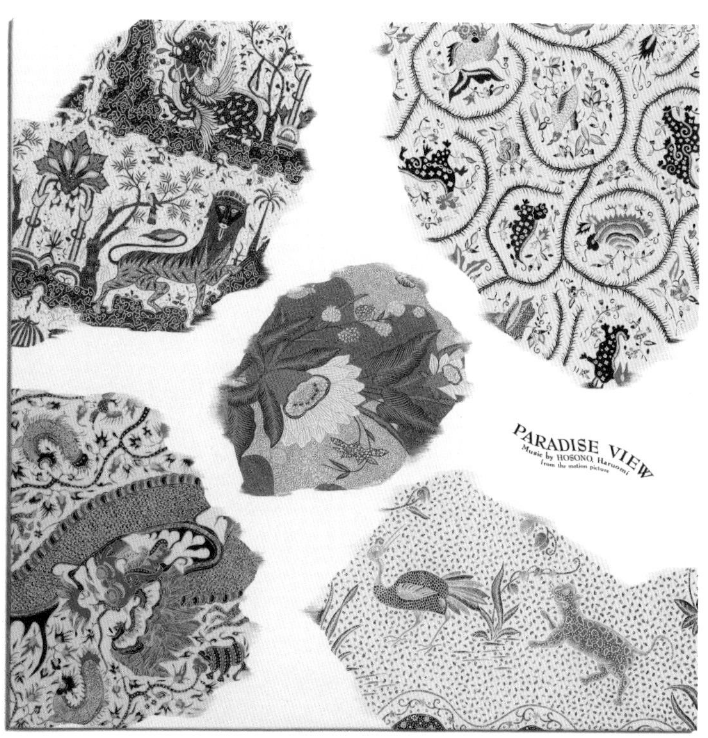

テイチク／モナドレーベル

1. イメージ・オブ・パラダイス／2. イメージ・オブ・ビュー／3. 魂のダンス／4. ユタの祈り／5. アッティ／6. 火の車／7. 海上トラック／8. 琉球ジャズ／9. パラダイスビュー

細野自身も植物学者役で出演した1985年の映画『パラダイスビュー』（監督・高嶺剛、出演・小林薫、戸川純ほか）のサウンドトラック。全編沖縄で撮影され、劇中のセリフはすべて沖縄方言（日本語字幕付き）。照屋林助を始めとする沖縄の著名な音楽家が多数出演するなど、沖縄の文化、歴史、風土を背景にしたこの映画に対して細野は、沖縄の伝統的な音楽とテクノなど電子音楽の手法を融合させた、ハイブリッドなサウンドを提示した。沖縄の霊媒師・ユタの祈祷をモチーフにした④、三線の音色、エイサーの掛け声を取り入れた⑤など、当時の細野が掲げていた“観光音楽”というコンセプトを色濃く反映した作品でもある。

『エンドレス・トーキング』

テイチク／モナドレーベル

1. 威勢のいい滝／2. 動物の意見／3. 昆虫は非常事態を主張する／4. 人類の長いお噺／5. 天国の第一人者／6. オペラによる制御回路／7. 揺動・＃1／8. 終りのないおしゃべり／9. スクラッチによるジマノフスキー鳥／10. デジタル標本化による民族学／11. 女神プリオシーナ／12. 羽の生えた動物／13. 揺動・＃2

1985年にイタリア・ジェノヴァで開催されたイベント「ジャパン・アヴァンギャルド・オブ・ザ・フューチャー展」で展示されたインスタレーション作品「自然に棲息する音」のために制作された楽曲を収録。この作品はミラノのデザイナーチームとのコラボレーションで、会場では13体のオブジェから各楽曲がエンドレスで流された。繊細で幾何学的なリズムと現代音楽的な管楽器のアレンジが融合した①、インダストリアル系の無機質なサウンドとイタリア的な陽気なメロディが共存する④など、独創性に富んだアイデアの楽曲が並ぶ。レコーディングは一発録音で行われ、その場で生まれたインプロヴィゼーション的な要素も加わっている。

1986

昭和61年（39歳）

ファンク、ヒップホップも自在に昇華した「F・O・E」。

3月21日：F・O・E　12インチ・シングル「デクライン・オブ・O.T.T」リリース

5月1日：James Brown with F.O.E　シングル「セックス・マシーン」リリース

5月21日：F・O・E　アルバム『セックス・エナジー・アンド・スター』リリース

6月：単行本『F.O.E MANUAL』（細野晴臣 著／扶桑社）発刊

9月13日：映画『人間の約束』（吉田喜重 監督）公開（音楽を担当）

1月　スペースシャトル・チャレンジャー爆発事故、乗組員全員死亡

2月　フィリピンでエドサ革命。アキノ大統領が就任

4月　ソビエト連邦ウクライナのチェルノブイリ原子力発電所で爆発事故発生

10月　レーガン米大統領とゴルバチョフ・ソ連書記長による米ソ首脳会談

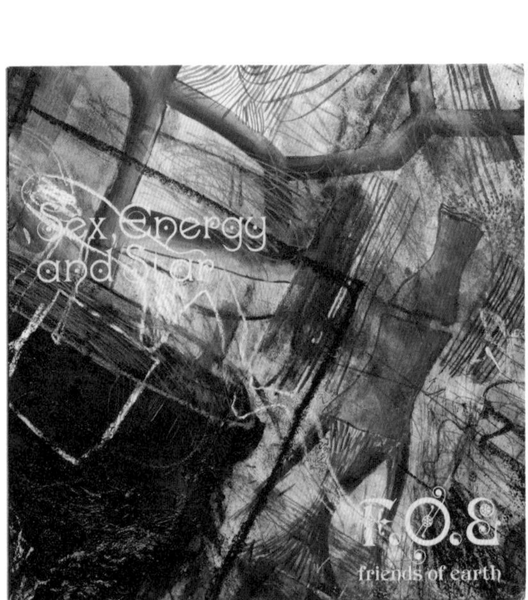

『F.O.E MANUAL』

「デクライン・オブ・O.T.T」
テイチク／ノン・スタンダード

「セックス・マシーン」
テイチク／ノン・スタンダード

『セックス・エナジー・アンド・スター』F.O.E

テイチク／ノン・スタンダード

1. SEX MACHINE ／ 2. TOTAL ECLIPSE ／ 3. RIGHT PLACE WRONG TIME ／ 4. OPERA ／ 5. IN MY JUNGLE ／ 6. DON'T WANNA LOOSE MY SOUL

細野（vo, syn, b）、野中英紀（cho, syn ,vo）、西村麻聡（syn, b）を中心にしたユニットF.O.E（FRIENDS OF EARTH）のファーストアルバム。①はファンクの大御所、ジェームス・ブラウンのカバー。打ち込みのトラックとともに、ジャズドラマーのアントン・フィアーの先鋭的なビート、ファンク系サックス奏者のメイシオ・パーカーの生々しいプレイが体感できるこのトラックには、原曲のジェームス・ブラウン本人が参加。そのほか、トライバルなビート、民族音楽的なメロディをテクノ系ダンスミュージックに仕立てた②、サンプリングの技術を駆使したポリリズムが刺激的な④、エレクトロ・ファンクの先駆的なダンスチューン⑥など、リズムの新たな可能性を追求した楽曲が収録されている。プログラミングによるアレンジと生演奏の有機的な融合を実現させた意欲作だ。

昭和62年（40歳）

時代もジャンルも超えた40歳。

4月25日：F.O.E featuring HARUOMI HOSONO with President BPM and SEIKOH ITOH　12インチ・シングル「COME★BACK / Cold Getting Down」リリース

6月13日：映画『微熱少年』（松本隆 監督）公開（路面電車の車掌役で出演）

11月21日：細野晴臣　アルバム　『紫式部　源氏物語　～オリジナル・サウンドトラック』リリース

12月19日：アニメ映画『紫式部　源氏物語』（杉井ギサブロー 監督）公開（音楽を担当）

2月　超新星SN1987Aが観測される
4月　日本国有鉄道が解散し、JR各社が事業を継承
6月　大韓民国の盧泰愚大統領候補が民主化宣言を表明
7月　世界の人口が50億人を突破
10月　ニューヨーク株式市場が大暴落（ブラックマンデー）

『紫式部 源氏物語 ～オリジナル・サウンドトラック』

ソニーレコード／エピックレコード
1. 月読／ 2. 羅城門／ 3. 藤壷／ 4. 朝露／ 5. 若紫／ 6. 御息所／ 7. 浮橋／ 8. 結願／ 9. 五月雨～護摩～祈祷／ 10. 光／ 11. 木霊／ 12. 舞

杉井ギサブロー監督のアニメーション映画『紫式部　源氏物語』（1987年）のサウンドトラック。杉井作品に細野が音楽を提供したのは、映画『銀河鉄道の夜』（1985年）に続いて2度目。箏、笙、和琴、鉦などの和楽器とシンセサイザーを中心にしたサウンドは、「源氏物語」を質の高いエンターテインメントに昇華した映画の世界を美しく彩っている。平安時代の風景と20世紀のテクノロジーが融合した本作の音像は、映画音楽家としての細野のキャリアの中でもかなり異色だ。当時、細野が傾倒していた日本古来の伝統的な音楽と、アンビエント、ヒーリングミュージックなどの要素が結びついているのも本作の特徴だろう。

「COME★BACK / Cold Getting Down」
BPM

1988

昭和63年（41歳）

ワールド・ミュージックに傾倒。

1月：文庫『音楽少年漂流記』（細野晴臣 著／新潮文庫）発刊

4月：テレビ番組取材のためトルコ、ブルガリア、フランスを旅行

5月：テレビ朝日『旅の街から』放送

7月：ヴァン・ダイク・パークス来日コンサートにベーシストとして参加

1月　ソビエト連邦、ミハイル・ゴルバチョフ書記長の下、ペレストロイカを開始
3月　青函トンネル開業
8月　チェコスロバキアで同国初の大規模民主化運動デモ発生
8月　ビルマで、8888民主化運動が発生
11月　ソビエト連邦のエストニア共和国が主権宣言

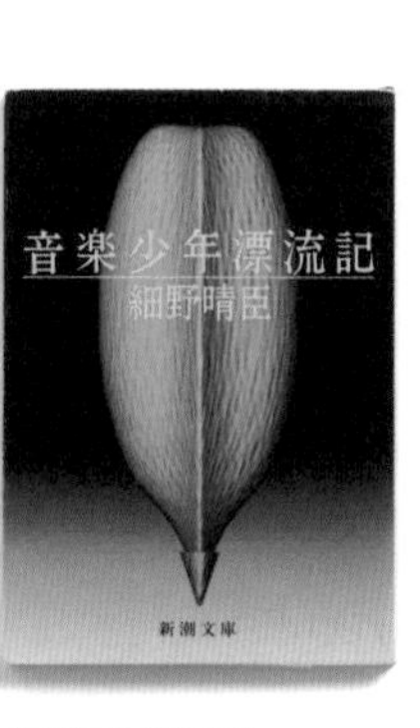

『音楽少年漂流記』

「80年代後半になって20世紀に収まりきらないものがあふれ出してきた。それは混沌としてなんだか分からないもの、そうやってこぼれて来たものがいっぱいあった。もはやポップ・ミュージックと呼べないものになったんだ。ぼくはポップス好きだけど、だからこそ言えるのは、ポップスの神髄っていうのは、常に新鮮な驚きにあふれていて発見がなくてはいけない。その考えを進めていくと、20世紀のポップ・ミュージックの姿には、もう何も求められなくなっていったんだよ」

（『HOSONO BOX 1969-2000』ブックレット／RE-WIND RECORDINGS／2000年）

ヴァン・ダイク・パークス来日コンサートのステージ

上：エジプト・サッカラ砂漠にて／下：モロッコにて

1989

昭和64年／平成元年（42歳）

平成の細野晴臣、観光音楽の新境地。

4〜5月：ヨーロッパ〜エジプト旅行

7月20日：奈良県吉野郡・天河大弁財天社での奉納演奏に参加

7月21日：細野晴臣　アルバム『オムニ・サイト・シーイング』リリース

1月　昭和天皇が崩御。皇太子明仁親王が第125代天皇に践祚、皇位継承により、元号「平成」が始まる
2月　漫画家の手塚治虫が死去
4月　消費税3％導入
6月　北京で天安門事件発生
8月　ハンガリーで汎ヨーロッパ・ピクニック。東ドイツ市民約600人が西ドイツへ亡命
10月　三菱地所がアメリカのロックフェラー・センター買収
11月　ベルリンの壁崩壊。ブルガリアでも民主化が始まる
　　　チェコスロバキアでビロード革命。共産党政権崩壊
12月　日経平均株価が史上最高値の3万8957円44銭を記録

『オムニ・サイト・シーイング』

ソニーレコード／エピックレコード

1. エサシ／2. アンダドゥーラ／3. オルゴン・ボックス／4. オヘンロ・サン／5. キャラヴァン／6. レトルト／7. ラフ・ガス／8. コレンドア／9. プリオシーヌ

「omni Sight Seeing」は“全方位観光”という意味。“観光音楽”を掲げていた80年代後半の細野の集大成と呼ぶべき作品だ。当時14歳だった江差追分の歌い手・木村香澄を招いた①、アラビアの音階と打ち込みのトラックを軸にした②、デューク・エリントンのスウィング・ジャズの名曲をカバー、清水靖晃のサックスソロも印象的な⑤。さらに80年代後半のハウスミュージックの影響が感じられる⑥、虫の声、クラシカルなピアノ、エキゾチックな音響が溶け合う⑧など、ポップミュージックの起源を巡り、世界中を旅しているような感覚になれる。福澤もろの美しい歌声をフィーチャーした⑨は、サウンドトラック『銀河鉄道の夜』収録の「プリシオン海岸」のリメイク。

1990

平成2年（43歳）

旅もひとつのキーワード。国内外を巡る。

1月：NHK総合『NHKスペシャル 熱砂の響き～細野晴臣の音楽漂流』放送

2月3日：映画『ほしをつぐもの』（小水一男 監督）公開（音楽を担当）

3月：単行本『細野晴臣OMNI SOUND』（オムニ・サウンド編集委員会 著／リットーミュージック）発刊

2月 南アフリカのネルソン・マンデラ、刑務所から27年ぶりに釈放

3月 ポール・マッカートニー初来日公演

ソ連、大統領制に移行、ゴルバチョフが初代大統領就任

7月 東ドイツと西ドイツが経済統合。10月にはドイツ再統一

12月 日本人初の宇宙飛行士として秋山豊寛がソ連のソユーズ号で宇宙へ

『細野晴臣OMNI SOUND』

1991

平成3年（44歳）

忌野清志郎、坂本冬美との「HIS」で学生服姿に。

6月28日：HIS シングル「夜空の誓い／恋人はいない」リリース

7月19日：HIS アルバム『日本の人』リリース

9月：イベント『東京ムラムラ デラックス版』（汐留・東京パーンにて10日間）を清水靖晃と共同プロデュース

9月10日：責任編集を担当した『H2』創刊0号（筑摩書房）発刊

1月 多国籍軍がイラク空爆を開始し、湾岸戦争勃発
6月 スロベニアがユーゴスラビアより独立宣言、マケドニアとクロアチアも独立
9月 タジキスタンがソビエト連邦から独立、バルト3国の独立も承認
10月 ミャンマーのアウンサンスーチーにノーベル平和賞
11月 クイーンのフレディ・マーキュリー死去
12月 ソビエト連邦崩壊、ゴルバチョフ大統領辞任

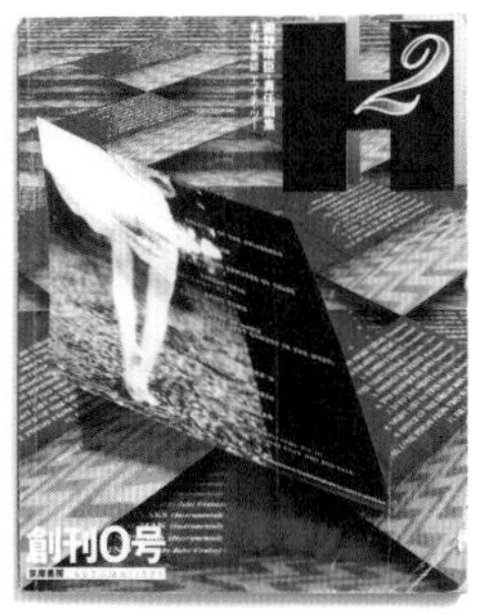

『H2』

『日本の人』HIS

東芝EMI／イーストワールド

1. HISのテーマ／2. パープル・ヘイズ音頭／3. 夜空の誓い／4. 逢いたくて逢いたくて／5. 渡り鳥／6. 500マイル／7. 恋人はいない／8. おやすみ　もうすぐ逢える／9. スキー・スキー（スキーなの）／10. 恋のチュンガ／11. ヤングBee／12. セラピー／13. アンド・アイ・ラヴ・ハー／14. 日本の人

細野、忌野清志郎、坂本冬美によるユニットの最初で最後のアルバム。ジミ・ヘンドリックスの名曲を音頭風にアレンジし、坂本がコブシの利いた歌声を聴かせる②、園まりの1966年のヒット曲にカントリーのテイストを加えた④、ピーター・ポール＆マリーの歌唱で知られる⑥、ザ・ビートルズの名曲に演歌風の日本語詞を乗せた⑬といったカバー曲のほか、忌野のオリジナル曲、細野と忌野の共作によるタイトル曲⑭などを収録。アコースティックなサウンドメイク、そして、忌野、坂本によるロック、ブルース、演歌のジャンルを超えたハーモニーも素晴らしい。3人が学生服、セーラー服姿でテレビ出演したことも話題を呼び、スマッシュヒットを記録した。

「夜空の誓い／恋人はいない」
東芝EMI／イーストワールド

1992

平成4年（45歳）

沖縄、縄文……原点への旅。

『THE ENDLESS TALKING 細野晴臣インタビュー集』

「自分自身も含め、エゴむき出しで自己主張するミュージシャン仲間の人間関係に少し疲れていた頃に、僕はコンピュータに出会った。コンピュータは楽器と違って非肉体的な作業が中心となる。そのおかげで、僕は演奏という肉体的な行為や自分の生理的な部分を相対化できたのだった。半面、それまでの共同作業に代わって自分一人の作業は増えたが、だからといってエゴの塊になったわけではない。（中略）僕がそうならなかったのは、エゴを開いて外の環境を音楽にとり入れ始めたからだ。その過程で僕はエゴよりも大きなものの存在に気づき、自分が聴いているということは、地球や空気といった環境も聴いているということなのだと感じるようになった」

（『アンビエント・ドライヴァー』細野晴臣／マーブルトロン／2006年）

1月〜：NHK『美の回廊をゆく』で音楽を担当

3月：沖縄県与那国島を訪問

単行本『THE ENDLESS TALKING 細野晴臣インタビュー集』発刊（北中正和 編／筑摩書房）

7月：イベント『東京ムラムラ デラックス版』（汐留・東京パーンにて9日間）を清水靖晃と共同プロデュース

7月29日：青森県森田村円形劇場（現・つがる地球村野外円形劇場）のオープニングコンサートとして、縄文文化、アイヌ文化をテーマにした『UN・DOKO』プロデュース、出演

11月：WOWOWスペシャル番組『ホソノ・ハレルヤ』放送

2月　マーストリヒト条約調印、翌年11月、欧州連合創設
4月　ボスニア・ヘルツェゴビナ紛争勃発
アメリカのロサンゼルスで暴動発生
6月　リオデジャネイロで地球環境保全をテーマに地球サミット開催

「YMO時代、僕はがんじがらめの生活をしていた。寝る場所だけがサンクチュアリ——要するに逃げ場所だった。押し寄せるものを遮断するため、僕はそこに音楽を張り巡らせていた。そしてその防波堤の役割を果たしていたのが、ブライアン・イーノのアンビエント・ミュージックだった」

（『アンビエント・ドライヴァー』細野晴臣／マーブルトロン／2006年）

1993

平成5年（46歳）

×印付きでYMO再生。平成に降りた『テクノドン』。

3月21日：細野晴臣　アルバム『メディスン・コンピレーション』リリース

4月28日：YMO　シングル「ポケットが虹でいっぱい」リリース

5月26日：YMO　アルバム『テクノドン』リリース

6月：YMO　ライブ「YMO in TOKYO DOME」開催

単行本『TECHNODON』（細野晴臣、坂本龍一、高橋幸宏、後藤繁雄　著／小学館）発刊

写真集『YMO in NEW YORK』（太田出版）発刊

8月8日：青森県森田村にてコンサート『O・NO・N・NO』プロデュース、出演

8月25日：YMO　ライブ・アルバム『テクノドン・ライヴ』リリース

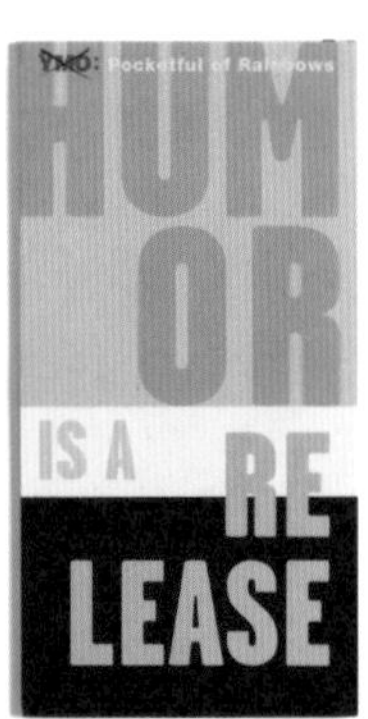

「ポケットが虹でいっぱい」
東芝EMI／イーストワールド

『メディスン・コンピレーション』

ソニーレコード／エピックレコード

1. ラフター・メディテーション／2. ハニー・ムーン／3. デイラ／4. クワイエット・ロッジ・エディット／5. メディスン・ミックス／6. サンド・ストーム・エディット／7. マブイ・ダンス＃2／8. アイウォイワイアオウ／9. アルメニアン・オリエンテーション／10. アンビエント・メディテーション＃3

『メディスン・コンピレーション』というタイトル通り、癒やし効果を含んだ楽曲を堪能できるアルバム。インドネシアの音楽を想起させるリズム、深遠な世界に誘い込まれるようなサウンドが心に残る①、原始宗教のような響きとゴアトランス系のトラックがひとつになった⑤、沖縄の伝統音楽にテクノ的な音響を加えた⑦、ネイティブ・アメリカン特有の音楽を再構築した⑨、アンビエントの第一人者・ララージによるチターの演奏が印象的な⑩。"観光音楽"の潮流を汲みながら、アンビエント、ヒーリング音楽からの影響がバランスよく反映された作品だ。矢野顕子が参加した②はアルバム『トロピカル・ダンディー』からのセルフカバー。

『テクノドン』

東芝EMI／イーストワールド

1. BE A SUPERMAN／2. NANGA DEF?／3. FLOATING AWAY／4. DOLPHINICITY／5. HI-TECH HIPPIES／6. I TRE MERLI／7. NOSTALGIA／8. SILENCE OF TIME／9. WATERFORD／10. O.K.／11. CHANCE／12. POCKETFUL OF RAINBOWS　ポケットが虹でいっぱい

散開から10年後の1993年、細野、高橋幸宏、坂本龍一によって“再生”されたYMOの通算8作目のオリジナルアルバム。先行シングル⑫を含む本作は、先鋭的なテクノ、エレクトロ、ハウスミュージックが取り入れられ、YMOのさらなる進化を鮮烈に印象付けた。ウィリアム・バロウズの声を使った①、アシッドハウスとアフリカン・ビートを融合させた②、SF作家ウィリアム・ギブソンの朗読を取り入れた③、散開前のYMOを想起させるテクノポップ⑤、憂いを帯びたオーケストレーションと環境音が一体となった⑦、本作のなかで唯一、細野がボーカルをとる⑩などを収録。同年6月に本作を中心としたコンサートが東京ドームで開催された。

『テクノドン・ライヴ』
東芝EMI／イーストワールド

『TECHNODON』

9月22日：細野晴臣　MIX CD『Mental Sports Mixes』リリース

1月　チェコスロバキアが連邦を解消。チェコとスロバキアに分離
2月　ニューヨークで世界貿易センター爆破事件
6月　皇太子徳仁親王と小和田雅子、結婚の儀
9月　オスロ合意、PLO暫定自治宣言
10月　南アフリカのネルソン・マンデラとフレデリック・ウィレム・デクラークにノーベル平和賞
11月　米不足のため外国米緊急輸入
12月　GATTウルグアイラウンド包括合意

「アンビエントの登場によって、ミュージシャンじゃなくても、エゴがなくても、作れる音楽というのが初めてできたということですよ。それまでの、エゴとか自己顕示欲がない表現はつまらないという考え方に対して、そうでなくても面白い表現はあるんだということがわかってきた」

（『対談の本 ロックンロールから枝豆まで』細野晴臣／マーブルトロン／2007年）

『YMO in NEW YORK』

『Mental Sports Mixes』
ソニー／TRISTAR MUSIC

「昔から雨だれの音や海の音が好きで、それと似たようなことを音楽としてやってるのを聞くのも同じように好きになっていった気がします」

（『ニューミュージック・マガジン』ニューミュージック・マガジン／1979年11月号）

平成6年（47歳）

LOVE,PEACE&TRANCEをプロデュース。

「今は僕はベーシストではないと思っている。音楽家でもほんとはないと思っちゃうんですね、つい。ふだんは音楽のことを考えてないんですよ。そういう自分の生き方をガイドしてくれたような音楽なんです、アンビエントは」

（『THE ENDLESS TALKING 細野晴臣インタビュー集』北中正和 編／筑摩書房／1992年）

6月：YMO　写真集『TECHNODON WAKE UP』（徳間書店）刊行

11月6日：京都市役所前特設ステージ祝祭劇場〜悠（はるか）〜『平安夢幻譚 時空の舞姫』公演（音楽監督）

12月12日：LOVE, PEACE & TRANCE　マキシ・シングル「HASU KRIYA」リリース

4月　ルワンダで集団虐殺
5月　ネルソン・マンデラ、南アフリカ共和国初の黒人大統領に就任
6月　オウム真理教による松本サリン事件発生
9月　関西国際空港開港
12月　第1次チェチェン紛争勃発

『TECHNODON WAKE UP』

「HASU KRIYA」
ソニーレコード／エピックレコード

1995

平成7年（48歳）
アンビエントの海を航海中。

1月21日：LOVE, PEACE & TRANCE アルバム『LOVE, PEACE & TRANCE』リリース
4月26日：細野晴臣＋ゴウ・ホトダ ビル・ラズウェル 寺田康彦 アルバム『N.D.E』リリース
8月：『ユニバーシアード大会1995福岡』式典の音楽を担当
9月10日：細野晴臣 アルバム『グッド・スポーツ』リリース
10月25日：細野晴臣 アルバム『ナーガ』リリース
11月：横尾忠則＋細野晴臣 神戸にて「アート・パワー展」開催

1月 世界貿易機関（WTO）発足

『N.D.E』細野晴臣＋ゴウ・ホトダ ビル・ラズウェル 寺田康彦

マーキュリー・ミュージックエンタテインメント

1. SPINNING SPIRITS ／ 2. NAVIGATIONS ／ 3. TEACHING OF SPHINX ／ 4. STRANGE ATTRACTOR ／ 5. HELIOTHERAPY ／ 6. HIGHER FLYER ／ 7. EDGE OF THE END ／ 8. AERO

世界的レコーディングエンジニアとして知られるゴウ・ホトダ、寺田康彦、音楽プロデューサーでベーシストのビル・ラズウェルとともに制作されたアルバム。『N.D.E』は“Near Death Experience（臨死体験）”の意味。アジア、アフリカの民族音楽を想起させるビート、ミニマルテクノ、トランス、アンビエントの要素を取り入れたサウンドメイクが自然に結びつき、きわめて独創的な音楽世界を描き出している。高揚感に溢れるトラック、清水靖晃のアルトサックスが印象的な②、エキゾチックなメロディと強靭なビートが一体となった④などを収録。全体を通してリズムの強さが打ち出され、先鋭的なダンスミュージックとしても楽しめる。

『LOVE, PEACE & TRANCE』LOVE, PEACE & TRANCE

ソニーレコード／エピックレコード

1. HO'OLA ／ 2. HASU KRIYA ／ 3. YEELEN ／ 4. DREAMTIME LOVERS ／ 5. SOLARIS ／ 6. MAMMAL MAMA ／ 7. KOKORO-DA ／ 8. DAWN ／ 9. WHISPERS IN THE DARK ／ 10. HASU KRIYA ／ 11. HUSH-A MANDALA NI PA ' LI ／ 12. AINA

遊佐未森、甲田益也子、小川美潮をフィーチャー、細野がプロデュースを手がけたユニットによる唯一のアルバム。アンビエントかつサイケデリックなサウンド、女性シンガー3人の個性的なボーカルを活かした作品だ。先行シングル②は、沖縄の音階を取り入れたメロディと穏やかなトランス系トラックを共存させた楽曲。そのほか、エキゾチックな音像のなかで祈祷にも似た朗読が響く③、アボリジニの伝統楽器ディジュリドゥの音を取り入れた④、甲田が所属していた「dip in the pool」の作曲による⑤⑧などが収録されている。細野が「唯一のシャーマン音楽家」と称したという福澤もろのペンによる楽曲②⑩⑪も聴きどころ。CDジャケットのデザインは横尾忠則が担当した。

CLOCK

1. グッド・スポーツ・ミックス／2. ファンファーレ／3. 聖火ランナー／4. 二十世紀の夜明け／5. ノスタルジア／6. トロイ〜ビデオマン／7. トーチ・ミュージック／8. 新しい子供達／9. 光る風〜竹林の波／10. コラージュ・オブ・ライフ

福岡市で行われた「1995年夏季ユニバーシアード」で使用された式典音楽のリミックス・バージョンをまとめた作品。華々しいファンファーレ、聖火ランナーが聖火台に火を灯す場面のBGMなど、式典の流れに沿った構成になっている。ミニマル・ミュージックの手法を取り入れ、洗練されたメロディを際立たせた④、郷愁を誘うメロディラインと竹林を吹き抜ける風を想起させるSEを組み合わせた⑥、荘厳な鐘の音を美しくコラージュし、オリエンタルな女性ボーカルの声を加えた⑩などを収録。アンビエント、トランス、民族音楽に傾倒していたこの時期の特徴が反映されている。②⑩の作曲は、コシミハルとの共作。

『グッド・スポーツ』

3月　阪神・淡路大震災発生。犠牲者は6000人以上
3月　東京でオウム真理教による地下鉄サリン事件発生
7月　ミャンマーの軍事政権が1989年以来のアウンサンスーチーの自宅軟禁解除

『ナーガ』

フォア・レコード

1. Hindustan／2. Naga／3. Taj-mahal／4. Himalaya／5. Sherpa／6. Jado／7. Seasons／8. Dancing-High／9. Chaitya／10. Angkor Vat - addaptation of "Mabui Dance"／11. Serpent Cloud

CDジャケットに「MUSIC FOR MONSOON」と記載されているように、東南アジアの音楽、風土などを色濃く反映させた作品。NHKのTV番組『美の回廊をゆく』のために制作された③⑨など、ドキュメンタリー番組のBGMから抜粋した楽曲も収められている。ガムラン音楽のリズムと壮大なシンセサイザーが融合した⑤（作曲はコシミハル）、牧歌的なメロディライン、土着的なリズムを中心にした⑧など、アジアの民族音楽とエレクトロ、テクノ、トランスを経由したトラックが有機的に結びついた楽曲が堪能できる。約15分に及ぶ大曲⑪では笛奏者の雲龍をフィーチャーし、幽雅な世界観を提示。⑩はサウンドトラック『パラダイスビュー』収録の「魂のダンス」のリメイク。

「モンドが『聴き方』の態度だとすれば、アンビエントは『作り方』の態度ともいえる。そして、僕は聴き方と作り方の間でまだ引き裂かれているようだ」

（『アンビエント・ドライヴァー』細野晴臣／マーブルトロン／2006年）

「僕はそれまで音楽を非常にロマンティックなものとしてとらえていたんですが、そんな僕がなぜミニマル・ミュージックのように音楽的なストーリー性を排除したり、ドラマ性を排除したものにひかれはじめたかというと、ミニマル・ミュージックが自分の中の原初のレベルにあるミニマルなリズムやメロディやビートに微妙に反応してきたからだろうと思うんです」

（『THE ENDLESS TALKING 細野晴臣インタビュー集』北中正和 編／筑摩書房／1992年）

「若いころ願っていた悟りの境地とか、そういうものを今はあきらめているところがあって、この年になって考え方を変えているんです。ある目的があって、たどり着けないいまま、そこに向かっていくプロセスこそが、いわゆる自分にとっての悟りであると。（中略）行き着くところ、場所の問題ではない。プロセスですから永遠に終わらないと思うんですね、エキゾティシズムというのは」

（『THE ENDLESS TALKING 細野晴臣インタビュー集』北中正和 編／筑摩書房／1992年）

横尾忠則&細野晴臣Collaboration
コラボレーション
ART アート POWER パワー展
1995年11月1日(水)−11月5日(日)
AM.10:00〜PM.6:00
(入場はPM.5:30まで)
IOホール(神戸ファッションマート:9F)
六甲ライナー:アイランドセンター下車1分
tadanori YOKOO + haruomi HOSONO
主催=アート・パワー展実行委員会(お問い合わせ先=tel.078-243-4424)
後援=兵庫県・神戸市・神戸市教育委員会・オーストラリア総領事館・神戸市民文化振興財団・六甲アイランド復興委員会・神戸新聞社・朝日新聞社・朝日放送・サンテレビ・Kiss-FM・AM KOBE・京阪神Lマガジン社・FM802
協賛=アーバンライフ(株)・キリンビール・・P&G・(株)資生堂・アサヒビール・日本航空(株)・アンセット・オーストラリア航空・神戸ベイシェラトンホテル&タワー・(株)淡路屋・交友印刷(株)・芦屋芸術情報専門学校

1996

平成8年（49歳）

デイジーワールド設立。アンビエントの海から「陸」への回帰。

この年、主宰レーベル、デイジーワールド・ディスクを設立

2月21日：細野晴臣&ビル・ラズウェル　アルバム『インターピーセズ・オーガニゼーション』リリース

10月25日：スウィング・スロー　アルバム『スウィング・スロー』リリース

12月20日：スウィング・スロー　10インチ・アルバム『スウィング・スロー』リリース

12月21日：HAT　アルバム『Tokyo-Frankfurt-New York』リリース

2月　羽生善治が将棋界初の全7タイトル独占達成
3月　英国政府が狂牛病のヒト経口感染の可能性について見解
9月　国連総会で包括的核実験禁止条約（CTBT）が採択
12月　日本の原爆ドームが世界遺産に登録

『インターピーセズ・オーガニゼーション』細野晴臣＆ビル・ラズウェル

テイチクエンタテインメント

1. UNFINISHED SCREAMS ／ 2. INTERPIECES ／ 3. COILED ／ 4. JEEPHEAD SHAMAN ／ 5. WAKARE MICHI ／ 6. Y.S. TANGLED IN TOKYO ／ 7. BUSH

細野、ビル・ラズウェルのコラボレーション作品。①②③は両者がテープをやりとりしながら制作され、④⑤⑥にはサムシングワンダフル、テーリ・テムリッツ、サワサキ・ヨシヒロによるリミックス・バージョンを収録。⑦は細野のソロ楽曲という構成だ。ディープなトランス系トラック、しなやかなベースラインが共存する①、緻密に構築された電子音、ドラムンベース的なアレンジが融合した②、パーカッシブなビートのなかで民族音楽的な旋律が聴こえてくる③。リズム、サウンドメイク、音の位相などを含め、かなり実験的な仕上がりとなっている。ダンスミュージックと前衛音楽が刺激的なバランスで結びついた異色作と言えるだろう。

『swing slow』スウィング・スロー

マーキュリー・ミュージックエンタテインメント

1. WESTERN BOLÉRO ／ 2. TIME SCAN 1 ／ 3. I'M LEAVING IT ALL UP TO YOU ／ 4. DISAPPEARED ／ 5. HÔTEL ETOILES ／ 6. SNOW WAVE ／ 7. YUKI-ya-konko ／ 8. GOOD MORNING, MR.ECHO ／ 9. CAPYBARA ／ 10. VOO DOO SURFER ／ 11. TIME SCAN 2 ／ 12. PARADISE,VER.2

スウィング・スローは『TUTU』(1983年)をプロデュースして以来、共演の多いコシミハルと結成したユニット。アナログ10インチ仕様の6曲入りミニアルバムに続くフルアルバム。息のあったデュエットの③や⑧が50'sのカバーであるように、一聴すると全体的にオールディーズ色が濃厚だが、よく聴けばデジタル/生演奏を駆使した独自のサウンドに仕立てている。グループ名通り、ゆったりしたサウンドだがアプローチは先鋭的。電子ピアノと太いベースにコーラスが舞う①、バンドネオンの音色が美しい④を始め、コシが5曲を書き下ろし。細野はすべての演奏のほか、プリントノイズを用いたコラージュサウンド②と⑩を制作。

『スウィング・スロー』10インチ・アルバム
マーキュリー・ミュージックエンタテインメント

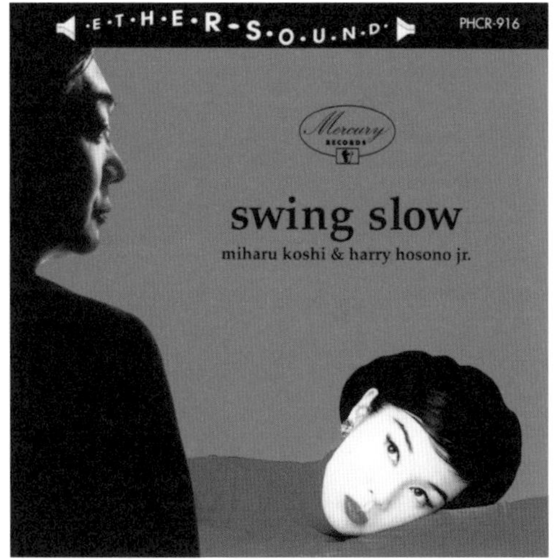

「アンビエントが終わるっていうわけじゃないけど、あのあいう海のような世界から、もう一度陸に戻るような感覚にとらえられている」
(『サウンド&レコーディング・マガジン』リットーミュージック/1996年3月号)

『Tokyo-Frankfurt-New York』HAT

daisyworld discs

1. FUNK COASTER ／ 2. ORGANIC MANGO ／ 3. SLEEP RUN ／ 4. 2 GIGABYTE OF JOUJOU ／ 5. KUBRICK ／ 6. QUICK ESC.

HATとはアトム・ハートとテツ・イノウエ、そして細野の頭文字から一文字を取ったグループ名。NYを拠点に実験的な電子音楽を発表していたイノウエ、レイヴ・シーンで「White House」が大ヒットを記録したフランクフルトのアトム。2人共にピート・ナムルックが主宰したレーベル〈FAX〉からアンビエント色の強い楽曲をリリースし、常に新鮮な音楽をプロデュースしていたビル・ラズウェルとも親しい存在。そんなイノウエとアトムが細野と邂逅するのは自然な流れだった。BPMは抑えながらもヘヴィなリズムの上を電子音が飛び交う①、ファンキーなベースラインの③など、ヨーロッパのDJたちが現在必死に探して、プレイしている名曲だ。

平成9年（50歳）

猿田彦神社で奉納演奏。神様がお客様。

8月：東京都現代美術館にて細野晴臣プレゼンツ『デイジー・ワールド・ミュージアム』開催

9月27日〜10月5日：猿田彦大神巡行祭に参加。沖縄、出雲、伊勢などを旅する

10月5日：三重県伊勢市・猿田彦神社遷座祭での奉納演奏に参加。環太平洋モンゴロイドユニット始動

10月15日：森高千里　シングル「ミラクルライト」を作曲（作詞：森高千里）

12月31日：ライブ「IF2000」プロデュース、出演

2月　世界初のクローン羊開発に成功
4月　化学兵器禁止条約発効
5月　ザイール独裁政権が崩壊。コンゴ民主共和国となる
7月　香港がイギリスから返還
7月　タイ政府によるタイバーツの変動相場制導入。アジア通貨危機が始まる
8月　ダイアナ元イギリス皇太子妃、パリで交通事故死
9月　ヴェネツィア国際映画祭で北野武監督の「HANA-BI」が金獅子賞受賞
12月　地球温暖化防止京都会議

プライベートスタジオにて、森高千里と

平成10年（51歳）

エレクトロニカの胎動＝HAT。

4月：J-WAVEで『Daisyworld -Hyper Ballade-』放送開始
6月21日：HAT アルバム『DSP HOLIDAY』リリース
10月：猿田彦神社「おひらきまつり」にて奉納演奏（2005年まで参加）

4月 イギリスとアイルランドの間でベルファスト合意締結
5月 インドで2回目の核実験。パキスタンでも地下核実験
9月 英国放送協会（BBC）が世界初の地上デジタルテレビ放送を開始
エルニーニョ現象の影響で世界的な異常気象発生。世界の平均気温が観測史上1位となる

『DSP HOLIDAY』HAT

daisyworld discs

1. Arizona Analyzer ／ 2. Shinjyuku Photoshop ／ 3. Plug-in mambo ／ 4. Granular Sunset ／ 5. Digidelic ／ 6. Uptown Pulldown ／ 7. Malihini Mele

テクノ寄りのエレクトロ・サウンド全開だった前作に対し、今作ではさまざまなリズムパターンを取り入れ、バラエティ豊かなアルバムになっている。レゲエのフレイヴァーを感じさせるエレクトロな①。マンボをベースに、深くエフェクトがかけられ誰が歌っているかわからない、陽気なメロディが楽しい②。マンボとタイトルがついているもののクンビアに近いビートに怪しいエレキギターが乗る③。スライ&ザ・ファミリーストーンのようなヘヴィなエレクトリック・ファンクの⑥。そしてラストはウクレレの⑦。この後、アトムはYMOなどをラテンバンドでカバーするセニョール・ココナツを立ち上げているが、意外とこのアルバムが起源なのかもしれない。

1999

平成11年（52歳）

いざ、ニューオリンズ。

5月：ハリーとマック、ロサンゼルスでレコーディング　ルイジアナ州ニューオリンズでフォトセッション

9月22日：YMO　ベスト・アルバム『YMO GO HOME!』リリース（選曲、監修）

9月25日：ハリーとマック　アルバム『ロード・トゥ・ルイジアナ』アナログ盤リリース

10月21日：ハリーとマック　アルバム『ロード・トゥ・ルイジアナ』CDリリース

12月18日：青山CAYでのライブ「デイジーワールドのクリスマス」に参加

3月　コソボ紛争への制裁のためNATO軍がユーゴスラビアを空爆。6月10日停止
8月　トルコ西部で大規模な地震発生。1万7千人以上が死亡
9月　茨城県東海村の核燃料加工会社JCOで国内初の臨界事故
12月　パナマ運河、アメリカ合衆国からパナマに返還

『YMO GO HOME!』
東芝EMI／イーストワールド

『ロード・トゥ・ルイジアナ』
ハリー＆マック

ソニーレコード／エピックレコード

1. Night Shade ／ 2. New Orleans ／ 3. Magnolia ／ 4. Easy Rider ／ 5. Choo Choo Gatta Gotto '99 ／ 6. Malama Pono ／ 7. Coyote Wedding Song (Instrumental) ／ 8. Crazy Love ／ 9. Too Ra Loo ／ 10. Hoo Doo You Love? ／ 11. Pom Pom Joki ／ 12. Louisiana Lullaby ／ 13.時にまかせて

久保田麻琴と夕焼け楽団『Sunset Gang』（1973年）以降、縁の深い二人が憧れのニューオリンズ（レコーディングはLAと東京でも行われた）へ実際に出向き、その気持ちを爆発させた1枚。細野がメインボーカルをとるのはファーストアルバムからのセルフカバー⑤。『泰安洋行』で知られる⑪は、ニューオリンズ・マナーのピアノで始まり、ジェームス・ブラウン「I Feel Good」を思い起こさせるファンクに展開。サンディーがボーカルをとる⑥は和みのハワイアンだが、スネアの音色はあくまでも乾いていてファンキー。ヴァン・モリソンのカバー⑧や、金延幸子のカバー⑬はアイリッシュトラッドからの影響も。二人の音楽旅行に今後も期待したい。

2000

平成12年（53歳）

Tin Panの活動再開。

2月23日：Pre YMO & Various Artists　MIXアルバム『InDo 1979～1999』リリース

3月23日：細野晴臣　BOXセット『HOSONO BOX 1969-2000』リリース

4月26日：YMO　ライブ・アルバム『ONE MORE YMO』リリース

11月22日：Tin Pan　アルバム『Tin Pan』リリース

12月：Tin Pan　ライブ「Tin Pan コンサート 1975-2001」開催（東京、神戸）

2月　Microsoft Windows 2000日米欧で同時発売
5月　ウラジーミル・プーチンがロシア大統領に就任
11月　イチロー、日本人野手初のメジャーリーガーとなる
12月　20世紀が終わる

『HOSONO BOX 1969-2000』
日本コロムビア

『InDo 1979～1999』
ビクターエンタテインメント

『ONE MORE YMO』
東芝EMI／イーストワールド

『Tin Pan』Tin Pan

リワインドレコーズ

1. Fujiyama Mama／2. Queer Notions／3. Starlight Strut／4. Flying Pick Blues／5. Bon Temps Rouler／6. Been Beat／7. Travellin' Mood／8. 76 Tears／9. Soylent Green／10. Flowers／11. Hand Clapping Rhumba 2000／12. Growth

鈴木茂、林立夫と3人で再始動。やはりここでもニューオリンズ・サウンドへの憧憬が濃厚。雪村いづみの名唱で知られる①のカバーは、1976年の演奏を再編集し、細野がボーカルを乗せたバック・トゥ・ザ・フューチャー的フレッシュな1曲。③では吉田美奈子がファンキーなスキャットで細野のボーカルに絡む。それ以外も②の矢野顕子、⑩の大貫妙子によるコーラス、⑨のデヴィッド・トゥープによるポエトリーリーディングなど、豪華ゲストが一堂に参加しながらも、バンドのインストがメインになっているのが何ともニクい。だからこそ、忌野清志郎がメインをとった大瀧詠一のカバー⑪がより派手に聴こえる。

「ぼくは二〇〇〇年代に入って、いろい
ろなことがいったん空白状態になった。
ノストラダムスの影響もあるよ」
（『とまっていた時計がまたうごきはじめた』細野晴臣、聞き手：鈴木惣一朗／平凡社／2014年）

2001

平成13年（54歳）

「笑い」への感性が暴走!?『イエローマジックショー』。

1月：NHK-BS『細野晴臣 イエローマジックショー』放送
4月27日：Tin Pan ライブ「Tin Pan コンサート 1975-2001」開催（福岡）

4月　日本で情報公開法が施行
　　オランダで世界初の同性結婚法を施行
7月　Google画像検索のサービス開始
9月　アメリカ同時多発テロ事件発生。死者3千人以上
10月　アメリカ軍によるアフガニスタン侵攻開始

「スケッチ・ショウは、ＹＭＯはもう本当に卒業したんだなあってところからスタートしたからね。九九年、久保田麻琴とハリー&マックを組んでニューオリンズでアルバム（『Road to Lousiana』）を録音したり、松本隆の（作詞家活動三〇周年）イベント（『風街ミーティング』）ではっぴいえんどの曲を演奏したり。〇〇年は鈴木茂や林立夫とティンパンで再会したり、〇一年には小坂忠のアルバム（『PEOPLE』）をプロデュースしたり。ずっと過去が追いかけてきたんです。だから、順番でいえばＹＭＯになる。でも、それは決して繰り返しじゃない。ネイティヴ・アメリカンに〝メディスン・サークル〟という言葉があるんだけれど、人生は直線じゃなくて螺旋階段のようなものなんだ、と。それは『オーディオ・スポンジ』をつくる過程で気がついたことなんです」

（『HOSONO百景 いつか夢に見た音の旅』細野晴臣、中矢俊一郎 編／河出書房新社／２０１４年）

2002

平成14年（55歳）

高橋幸宏との再タッグ、スケッチ・ショウの年。

2月27日：細野晴臣　BOXセット『MONAD BOX』リリース

4月：インターFMで『Daisy Holiday!』放送開始

4月3日：V.A.（細野晴臣ほか）オムニバス・アルバム『HARUOMI HOSONO presents Strange Flowers -The compilation of Creatures-』リリース

9月19日：スケッチ・ショウ　アルバム『audio sponge』リリース

12月：スケッチ・ショウ　ライブ「WILD SKETCH SHOW」開催（東京、大阪）

2月　ベルリン映画祭で宮崎駿監督の『千と千尋の神隠し』が金熊賞受賞
5月　東ティモールが主権国家として独立
　　2002FIFAワールドカップが日本と韓国で開幕
9月　小泉首相訪朝、日朝首脳会談後「日朝平壌宣言」

『audio sponge』SKETCH SHOW

エイベックス・エンタテインメント／カッティング・エッジ
1. Turn Turn ／ 2. Wonderful To Me ／ 3. Microtalk ／ 4. Wilson ／ 5. Supreme Secret ／ 6. Do You Want To Marry Me ／ 7. Gokigen Ikaga 1.2.3 ／ 8. Reform ／ 9. Flying George ／ 10. Turn Down Day ／ 11. Return ／ 12. Theme From A Summer Place

そもそもは高橋幸宏のソロアルバムのプロデュースに細野を迎えたところ、共にエレクトロニカに興味を持っていたことからユニットを結成、細野が主宰していた〈Daisyworld Discs〉から発表されたファーストアルバム。DTM（デスクトップ・ミュージック）やソフトが大きな進化を迎えた時期で、ノートパソコンがあれば時間や場所を問わず制作が可能、さらにメールで音源データのやりとりもできるようになった。その恩恵から②と⑤にはNYを拠点にしていた坂本龍一が参加している。グリッチノイズとカットアップ音が飛び交う⑤はクリックハウス。ヘヴィ・ファンクの⑦、サークルのカバー⑩などを経て、細野がボーカルをとる⑫で着地。

『HARUOMI HOSONO presents Strange Flowers -The compilation of Creatures-』
エイベックス・エンタテインメント／カッティング・エッジ

『MONAD BOX』
テイチク／ノン・スタンダード

2003

平成15年(56歳)

さらなるエレクトロニカの探求。ヒューマン・オーディオ・スポンジ始動。

2月26日:スケッチ・ショウ　アルバム『tronika』リリース

3月29日:スケッチ・ショウ　12インチ・シングル「ekot／chronograph」リリース

6月14日:スケッチ・ショウ　スペイン・バルセロナでの「Sonar Festival 2003」に参加

6月21日:スケッチ・ショウ　イギリス・ロンドンでの「Cybersonica Festival 2003」に参加

9月25日:スケッチ・ショウ　DVD『ワイドゥド・スケッチ・ショウ』リリース／コンピレーション・アルバム『audio sponge 1』リリース。ヒューマン・オーディオ・スポンジ始動

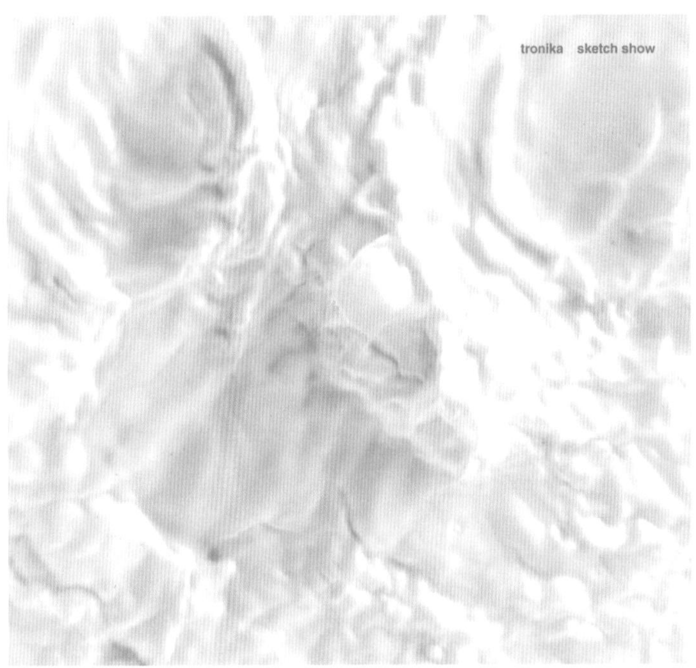

『tronika』SKETCH SHOW

エイベックス・エンタテインメント／カッティング・エッジ

1. ekot／2. chronograph／3. snow #1／4. night talker／5. snow #2／6. ohotzka／7. chronograph -cornelius remix-／8. snow #3／9. ekot -cornelius remix-

石野卓球が主宰する「WIRE 02」やバルセロナの「sonar 2003」など大型フェスへライブ出演。DTM(のみの場合もあった)と生演奏を行き来するパフォーマンスで、海外でも注目を集める中でリリースされたミニアルバム。④はパチパチと焚き火が燃えるようなリズムに、切ないメロディとカットアップしたギター、練りこまれたフォークトロニカの極み。さらに注目すべきは、前作にも参加していたコーネリアスこと小山田圭吾が⑥のバグパイプ、⑨のリミックスを手掛けていること。この相性が抜群で、その後のYMOリユニオンへギタリストとして参加することになるのも納得がいく。この作品を最後に、正式に坂本をメンバーに迎え、HASYMOへ展開していく。

11月27日：スケッチ・ショウ　アルバム『LOOPHOLE』リリース

1月　北朝鮮が核拡散防止条約脱退を宣言
2月　スペースシャトル・コロンビア墜落。宇宙飛行士7名全員死亡
3月　アメリカ・イギリスによるイラク侵攻作戦開始
中国で新型肺炎SARSが大流行、死者700人超
4月　アメリカ合衆国でiTunes Music Storeが開始
12月　アメリカ軍がサッダーム・フセインイラク元大統領を拘束

『LOOPHOLE』 SKETCH SHOW

エイベックス・エンタテインメント／カッティング・エッジ
1. MARS ／ 2. WIPER ／ 3. CHRONOGRAPH ／ 4. PLANKTON ／ 5. FLAKES ／ 6. ATTENTION TOKYO ／ 7. NIGHT TALKER -SAFTY SCISSORS MIX- ／ 8. TRAUM 6.6 ／ 9. SCOTOMA ／ 10. FLY ME TO THE RIVER ／ 11. EKOT -CORNELIUS MIX- ／ 12. STELLA

『audio sponge』発表後、すぐに新作に取り掛かったという2枚目。坂本のトラック①、メランコリックな生ギターが切ない②、シバオカチホのポエトリーリーディングがのり、ようやく③で高橋のメインボーカルが出てくるという構成。賑やかだった前作に対し、本作はロマンティックで美しいメロディに静寂感のあるバックトラックを配した曲が多くを占める。前作が足し算だったとすれば、この作品は引き算というべきだろうか、非常にトータリティが高い。④のように、グリッチノイズひとつとっても、鳴らされるパートが熟考されており、主旋律のメロディとよくマッチしている。②や⑫のアコースティックギターが印象的だったことから、フォークトロニカとも呼ばれた。

「ekot / chronograph」
Rhythm REPUBLIC

『audio sponge 1』
エイベックス・エンタテインメント／カッティング・エッジ

『ワイドゥド・スケッチ・ショウ』
エイベックス・エンタテインメント

平成16年（57歳）

はっぴいえんどの再評価、ここに極まる。

1月31日：スケッチ・ショウ　12インチ・レコード『LOOPHOLES』リリース

3月31日：はっぴいえんど　BOXセット『はっぴいえんどBOX』リリース

4月20日：細野晴臣　MIXアルバム『MIX FORM』リリース

6月18日：ヒューマン・オーディオ・スポンジ　スペイン・バルセロナでの「Sonar Festival 2004」に参加

9月1日：スケッチ・ショウ　MIXアルバム『SKETCHES & NOTATIONS -SKETCH SHOW REMIXES-』リリース

9月19日：熊野にてイベント「森羅万唱〜紀伊山地からの祈り」プロデュース、出演

10月10日：ヒューマン・オーディオ・スポンジ「Sonarsound Tokyo 2004」参加

1月　陸上自衛隊が初めて戦闘地域のイラク派遣開始
2月　マーク・ザッカーバーグがFacebookを開設
5月　欧州連合に10か国が加盟、合計25か国になる
9月　ニューヨーク商業取引所で原油先物相場が史上最高値を更新
10月　イチローがMLBシーズン最多安打記録を84年ぶりに更新。262安打の新記録
12月　スマトラ島沖地震発生。津波などにより22万人以上が死亡

『はっぴいえんどBOX』
avex io

『MIX FORM』
PROGRESSIVE FROM

『SKETCHES & NOTATIONS -SKETCH SHOW REMIXES-』
エイベックス・エンタテインメント／カッティング・エッジ

2004年「タワーレコード」ポスター

3 細野晴臣 使用楽器

その他もろもろ編

カリンバ。木製の箱に取り付けた鉄片や竹片を親指で弾いて演奏するアフリカの民族楽器。「親指ピアノ、ムビラ……いろいろな呼び方がありますね。なかでもこれは洗練されたカリンバです。『万引き家族』（2018年）で多用した曲がありましたけど、あれはボツになったのか、そう言えば（笑）」

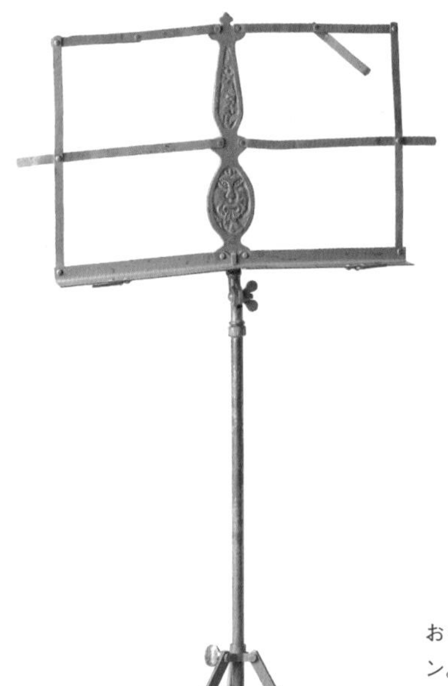

悪魔の譜面台。恵比寿の住宅街にある骨董品屋で購入し、2008年4月22日、ビルボードライブ東京で細野晴臣＆ワールドシャイネスとして公演を行った際に使用。「その日は2部構成で、1部の時にこれを使ったら突然声が出なくなったんです。焦ってね。思い当たることと言えば、この譜面台のこと。実はこの部分（中央下あたり）に悪魔の顔が刻まれてるんです。本当はガーゴイルと言って魔除けなんですけどね。でも普通の譜面台に替えて歌った2部では問題なく歌えました。やっぱりこれのせいだったんです（笑）。それ以来、封印してますね」

おもちゃのアコーディオン。おそらく数千円程度で購入したもの。「スタジオの手の届く場所につねに置いてあります」

エアホーン。「『はらいそ』（1978年）に収録されている『東京ラッシュ』のパパッパパッという音で使いました。昔の自動車はこれで警笛を鳴らしてたんですね。だからラッシュアワーと言えばこの音なんです」

土鈴。中沢新一と行った富士山の麓にある御胎内神社（静岡県）で購入したもの。

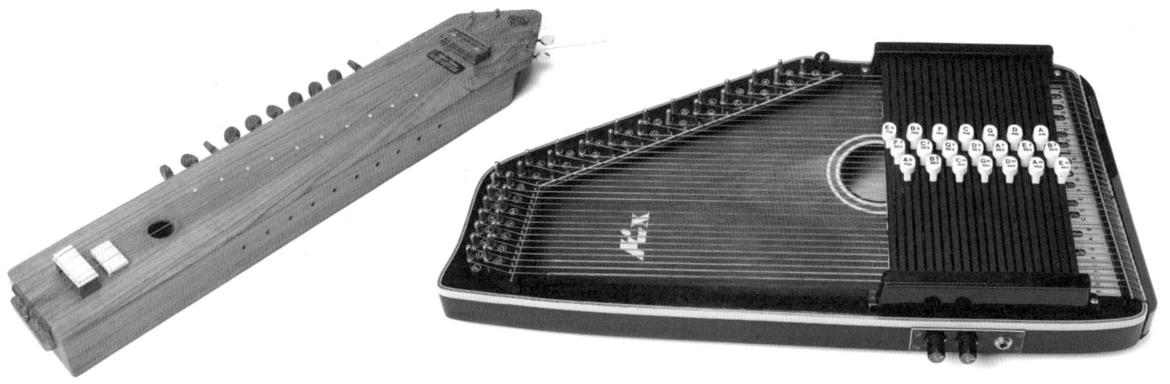

タンブーラ。インドの伝統的な弦楽器。開放弦を弾き、ドローンと呼ばれる低音の持続音を出す。「天空オーケストラの岡野弘幹くんから買ったものです。15年くらい前かな」

オートハープ。36本（または40本前後）の弦をコードバーで押さえることによって和音を奏でられる弦楽器。カントリー、ブルーグラスなどのジャンルで使用されることが多い。「僕も以前はよく使ってましたね。チューニングが面倒臭いので、最近はご無沙汰してますけど」

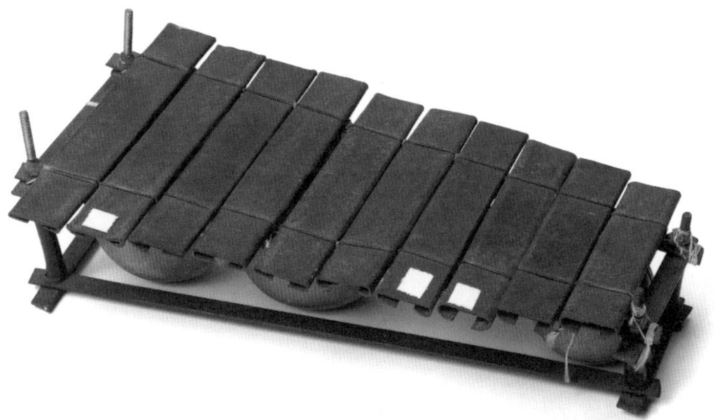

鉄製のバラフォン。日本の民族楽器店で購入したアフリカの鉄琴。「普通は木製なんです。以前はレコーディングや奉納演奏でよく使ってましたね。裏側に音を共鳴させる瓢箪が付いていて、その中に蜘蛛の巣の膜を張ることで、いわゆる“さわり”という雑音が出せる。今は違う蜘蛛の巣が張ってるかも（笑）」

カホン。箱の打面や縁を叩いて演奏するペルー発祥の打楽器。2、3年前に渋谷の楽器店で購入。「これは小型のカホンです。本物の、座って手と足で叩く巨大なカホンは、なかなか手に入りませんね」

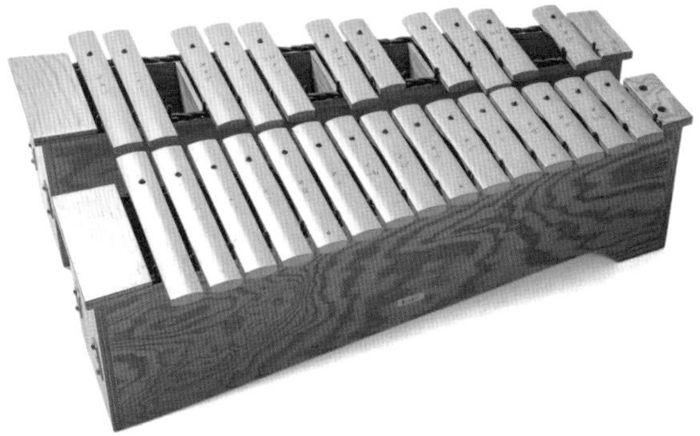

ソナー・オルフ教育楽器のパリソノ・シロフォン。ドイツの作曲家・音楽教育家、カール・オルフの音楽教育理論に基づき、子供の演奏用に作られたシロフォン。高密度ファイバーグラスで作られた特殊原材料パリソノの音板を用いている。「僕自身よりコシミハルのほうが多く使ってる気がするな。オルフと同じドイツの作曲家、ヒンデミットの『街を作ろう』をミハルちゃんがカヴァーした時、このパリソノ・シロフォンをメインで使いました」

スリット・ドラム。ログ・ドラムとも言う。丸太など木材をくり抜き、割れ目を入れることで音程が変えられるようになっている打楽器。「手で叩いたり、マレットで叩いたりします。Tin Panのアルバム『Tin Pan』（2000年）の『Soylent Green』で多用しました。あとサウンドトラック『La Maison de Himiko』（2005年）でも。東京ガスのCMでは屋久島に行って、妻夫木聡くんと一緒にこれを叩いてますね」

マラカス。「これは僕がいちばん気に入ってるマラカスですね。マラカスはひとつひとつ違うので相性があるんですよ。これはリズムが取りやすくて、いちばん相性のいいマラカスですね」

マラカス。写真家・安珠からもらったもの。

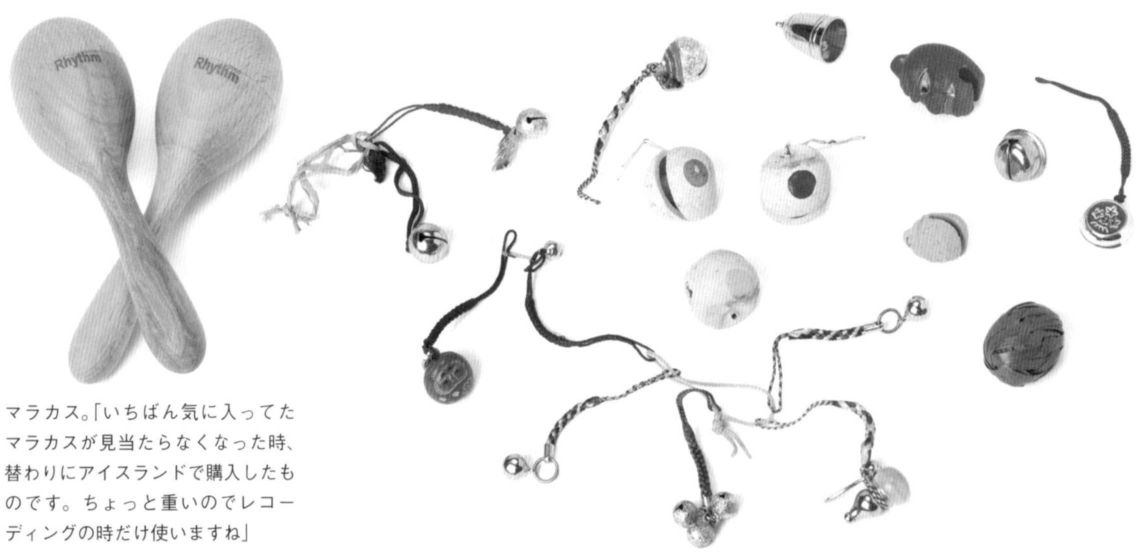

マラカス。「いちばん気に入ってたマラカスが見当たらなくなった時、替わりにアイスランドで購入したものです。ちょっと重いのでレコーディングの時だけ使いますね」

神社で買った鈴。「神社グッズですね。楽器ではないです。でもチャラチャラと音のするものは、僕は楽器として買っちゃいますから。全部楽器に見えちゃうんですよ。病気なのかな（笑）」

シンギング・ボウル。「集めていたのはちょっと前ですが、いまだに映画音楽などに使います」

映画『ファインディング・ニモ』のニモをあしらったおもちゃ。叩くと音が出る。「いつでも効果音的に使えますね。まだ使ったことないけど。叩くと音が出るものなら何でも使っちゃいます。灰皿とかよく使いますから」

ジュムラ。竹製のマラカス。「昔、東南アジアへ行った時に買ったんじゃないかな。すべて竹でできているのは珍しいです」

マラカス。アイスランドで購入した子供用。

シンギング・ボウル。もとはチベットの高僧が儀式で使う仏具で、ボウルの縁をスティックでこすることにより倍音の持続音を出す。「現代音楽の作曲家、打楽器奏者の高田みどりさんに持続音を出すトーニングの技を教わって以来、環太平洋モンゴロイドユニットのライブなどで使ってます」

サウンドホース。ハーモニックパイプなどとも言う。蛇腹の付いたパイプを回して音を出すもの。「回すと倍音が出るんです。『La Maison de Himiko』(2005年)などで使いましたね」

ネジを巻くと鉄琴を叩くおもちゃ。70年代に香港で購入。「カチャカチャカチャといういい音がするので、効果音的にレコーディングで使います。名前はないけど、なんか付けたほうがいいのかな(笑)。こういうものは長持ちしますね。電気のおもちゃだったらもう駄目でしょう。スタジオに常に置いてあります」

フィンガーシンバル。指に付ける小型シンバル。1978年、横尾忠則らと一緒に初のインド旅行へ行った際に購入した。「坂本龍一のアルバム『千のナイフ』(1978年)のレコーディングで使いました」

丸型カリンバ。おそらくインドネシア製。「京都へ行くと必ず寄る楽器店、民族楽器コイズミで買ったものです。最近はちょっとご無沙汰してますね」

鳩笛。鳩の鳴き声に似た音を出す、鳩の形を模して作られた笛。「鳩笛を見るとつい買っちゃいます。調律師をしていた祖父が鳩笛をコレクションしていたので、まあ血筋ですね。鳴き声が好きなんです、鳥も虫も。写真右上の鳩笛を買ったのは40年程前、30代の頃ですね。写真左の笛もかなり古いです」

ロータリー・パーカッション。「柄を持って回すとギリギリギリとうるさい音がします。うるさすぎてあまり使わない(笑)。よく引っ張り出すんですけど。効果音用ですね」

おもちゃのラッパ。「幼児用ですね。こういうのは買っちゃいます。音が出れば。まだレコーディングでは使ったことがないです」

マラカス。2000年前後、中華街にあったエスニック楽器店で購入。「中に木の実が入っているアフリカ製の素朴なマラカスです」

バードコール。木に取り付けたネジを回して鳥の鳴き声を出す通常のバードコールと違い、束ねられたゴムチューブを押すことで鳴き声を出す。「珍しいタイプかもしれませんね。ブーブー言う音が出るんです。これはムクドリの声です」

魔除け鈴。御胎内神社（静岡県）で購入。

チャフチャス。木の実でできた鈴で、アンデス音楽のリズム楽器としてよく使用される。「サラサラッていう音がします。パーカッショニストはだいたいこういうのを持ってますね」

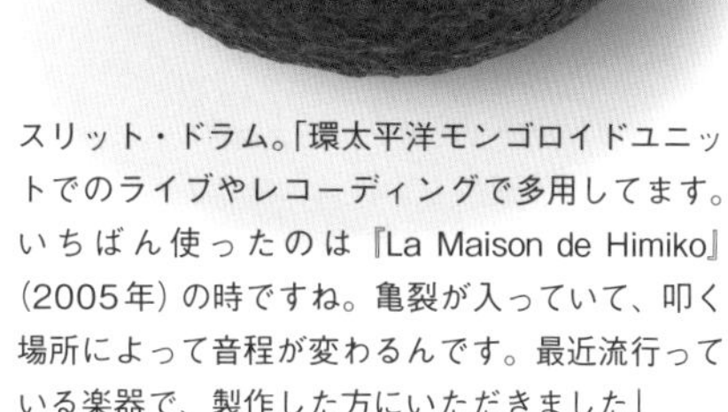

スリット・ドラム。「環太平洋モンゴロイドユニットでのライブやレコーディングで多用してます。いちばん使ったのは『La Maison de Himiko』（2005年）の時ですね。亀裂が入っていて、叩く場所によって音程が変わるんです。最近流行っている楽器で、製作した方にいただきました」

サヌカイト。または讃岐岩。安山岩の中でも瀬戸内、四国北部で採取されるものを特にサヌカイトと呼ぶ。「買ったのは80年代ですね。すごく澄んだいい音がする石です」

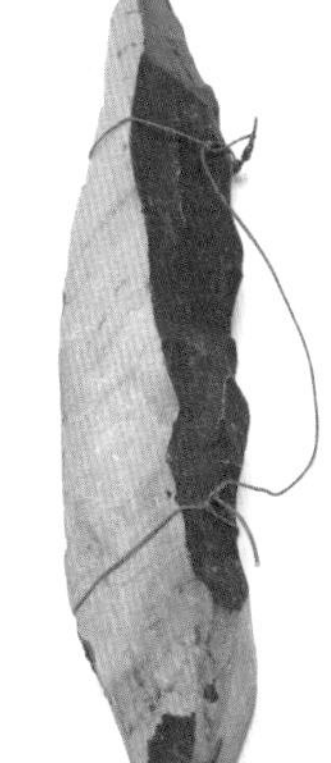
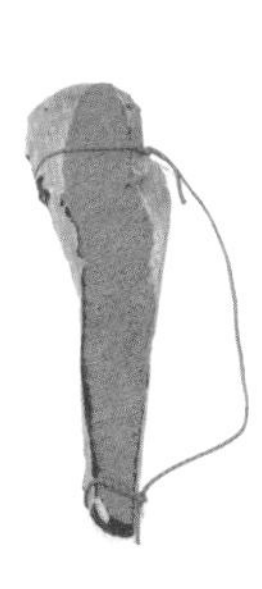
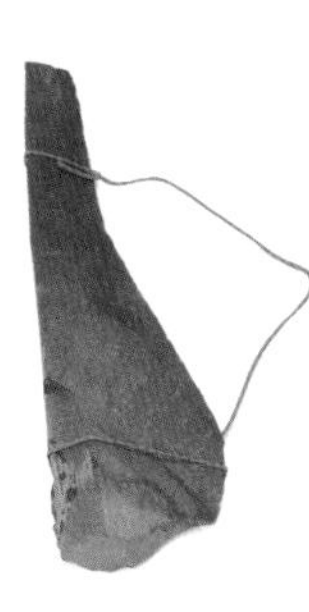

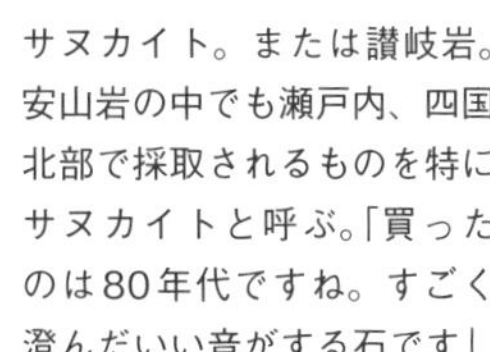

鈴。仏具のひとつ。台の上に鈴布団を敷き、その上に鈴を乗せて使用する。トーニングのために購入。

グングル。鈴を付けた紐や皮を、足首などに巻いて踊って鳴らす体鳴楽器。インド舞踊などで使用される。「女性のダンサーがこれを巻いて踊ってますね。僕は……試したことあったかな？（笑）」

シュルティボックス。ふいごを開閉して空気を送り、ドローンを出すインド製の楽器。2000年前後に京都の民族楽器コイズミで購入。「ハルモニウムに似た楽器で音程も調節できます。変わった楽器ですね」

グンデル。インドネシアの伝統的な打楽器合奏、ガムランにおいて使用される楽器のひとつ。1981年、バリ島へ旅行した際に購入した。円筒形の共鳴体の上に並べた薄い金属板を、マレットで叩いて音を出す。「5音音階の骨董品で『フィルハーモニー』(1982年)の時に使いました。レコーディング直前にバリから届いたのかな。レコード会社の人と2、3人で掃除をしたら、中から虫の死骸が出てきた。怖かったですね、虫が駄目なので。生きてなくてよかったけど(笑)」

ネイティブ・アメリカンの太鼓。「90年代にネイティブ・アメリカンのブームがあって、こういうのが東京中で手に入ったんです。今はすっかり姿を消しましたけど。これはすごくいい音がするんですね。レコーディンクや環太平洋モンゴロイドユニットのライブでよく使いました」

ジャンベ。アフリカの伝統的な打楽器。「一時期、日本の若者たちに大流行しましたね。ジャンベを叩いて、ディジュリドゥを吹いて。環太平洋モンゴロイドユニットのライブで使用しました」

和太鼓。『フライング・ソーサー 1947』(2007年)収録の「幸せハッピー」で最初に使用。「『HoSoNoVa』(2011年)の『悲しみのラッキースター』、『Heavenly Music』(2013年)の『When I Paint My Masterpiece』でも使ってます。けっこう使ってるってことだ」

土鈴。古くから魔除けや玩具、楽器として使用されてきた土製の鈴。「伊勢か出雲で買ったものだと思います。もろくてすぐ欠けちゃうんです」

アサラト。木の実で作られたアフリカの民族楽器。日本ではプラスチック製のパチカとして知られる。振ったり、ぶつけ合ったりして音を出す。「一時期、渋谷のあちこちで売っていて、若者がパチパチさせながら街を歩いていました。3拍子だけどリズムも取れる面白い楽器です」

竹で作られた楽器。「イメージ的にはアフリカの旅人が持ってるようものですね。旅の慰みに音を出すような。へんてこりんなもので、まったく楽器の音程をなしません。効果音としていつ使うかわからないので、いつもスタジオのその辺に置いてあります」

ケーン。笙（しょう）に似た楽器で、笙の原型とも言われる。「タイ旅行で買ったものです」

銅鑼。猿田彦神社（三重県）における奉納演奏など、1997年から活動を行ってきた環太平洋モンゴロイドユニットで主に使用した。

スリット・ドラムの原型。横浜の民族楽器店で入手。

シェケレ。中が空っぽな瓢箪のまわりに、植物の種子や貝などを網に通して張り巡らせた西アフリカの民族楽器。「アフリカの音楽でもラテンでも使う楽器で、叩いたり、こすったり、いろんな使い方がある万能の楽器です。日本ではあまり使う人を見ないですね」

タブラ。北インドの伝統的な打楽器。「どこで買ったのか覚えてないですけど、こういうのがあると買っちゃうんですね。落ちてたら拾います」

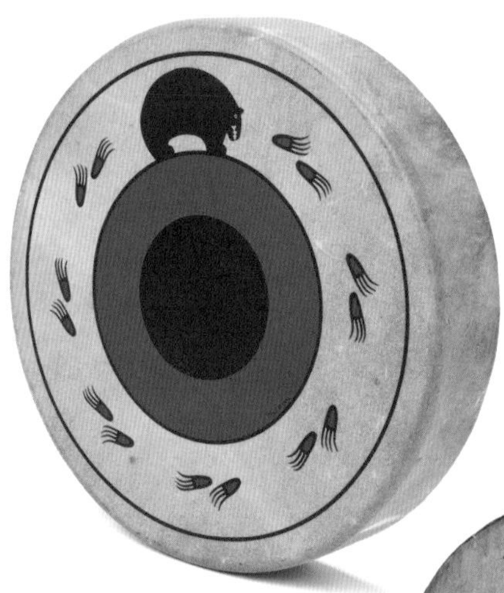

メディスン・ドラム。ネイティブ・アメリカンの儀式などで用いられる伝統楽器。90年代にシアトルで購入。「『ツイン・ピークス』にはまってた頃、舞台となったスノコルミーという山間の町へ取材に行ったんです。その時に買ったんですね。これは民芸品というか、おみやげとして売ってたものです」

ベンディール。モロッコや北アフリカなどで用いられるタンバリンに似た打楽器。

ベンディール。80年代にモロッコへ行った際に購入。

太鼓。「もともと東京の雑貨屋でテーブルとして売られてたんです。鉄製の台に乗っけてあって、その上に紅茶のセットが置いてあって。そんなバカなと思って太鼓として買いました。よくライブで使いましたね。でもそんなにいい音じゃなかった。やっぱりテーブルとして使うものだったのかな（笑）」

タンバリン。「鈴が付いてないとベンディール。鈴が付いてたらタンバリンです」

メディスン・ドラム。「ショショニ族というトライブの絵です。『ツイン・ピークス』の取材の時、シアトルで買いました」

メディスン・ドラム。「ナバホ系のメディスン・ドラムですね。呪術師が祈祷する時にこれを叩きながら歌ったりします」

締太鼓。浅草の和楽器店、宮本卯之助商店で購入。

エバンスのスネア。「この厚胴のスネアだけ発作的に買いました。『Tin Pan』（2000年）の『星空のストラット』でダビングの時に使いましたね」

レインスティック。雨が降るような音を鳴らす中南米の楽器。「90年前後に日本でも流行りましたね。奉納演奏などで使いました。流行りすぎてあまり使えなかったですけど」

ボンゴ。「『Vu Jà Dé』（2017年）の『洲崎パラダイス』などで使用しました」

三板。沖縄音楽で用いられる3枚の板からなる打楽器。「指で挟んでタララララっていう音を出します。カスタネットみたいなものですね」

テキサスインストゥルメンツのスピークアンドスペル。子供の学習用おもちゃだが、クラフトワークなど多くのテクノ系ミュージシャンに使用された。「前に自分で持っていたのがどこかに行っちゃって、その後テイ・トウワくんがくれたんです。8ビットどころじゃない、4ビット程度の粗い音が出ます」

擬音笛。鳥の鳴き声のような音が出る。

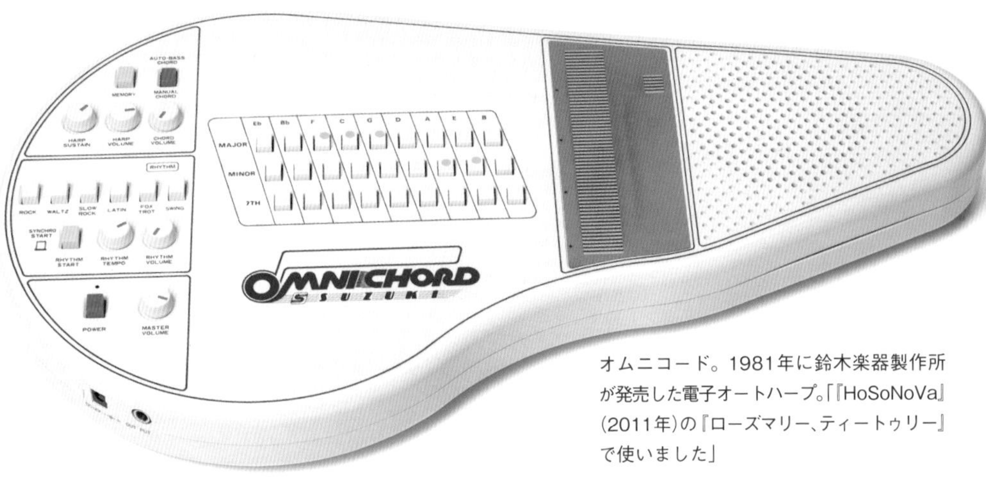

オムニコード。1981年に鈴木楽器製作所が発売した電子オートハープ。「『HoSoNoVa』(2011年)の『ローズマリー、ティートゥリー』で使いました」

壺。2000年頃に入手。「白金にあった中華料理屋の前に、空になった壺がたくさん並べてあって、『ご自由にお持ちください』と書いてあったんです。たぶん紹興酒か何かを入れてたんでしょうけど、それを4つくらい持って帰ってきたんですね。アフリカに壺の形をした打楽器があって、壺の上を叩くと空気の音がポンポンするっていう。そういうふうにも使えるし、スタジオに置いておくと重低音を吸い込む効果がありそうだなと思って置いてあるんですけど、効果があるかわからない(笑)。叩くとちゃんといい音が出ます」

ハリセン。「これは楽器じゃない。誰かにもらったハリセンです。チャンバラトリオが使ってたタイプですね」

ダクソフォン。ドイツの音楽家ハンス・ライヒェルが考案した電子楽器の一種。左手でダックスと呼ばれる木を動かし、右手の弓で弾くことにより、さまざまな音色を奏でることができる。『フライング・ソーサー 1947』(2007年)の「夢見る約束」で使用。「日本唯一のダクソフォン奏者、内橋和久くんから購入しました。お金払ったかな？(笑)彼とUAと僕の3人でダクソフォンだけのライブをしたこともあります」

ホーナーのボタン式アコーディオン。ロサンゼルスで購入。「ニューオリンズのザディコと呼ばれる音楽で使うようなタイプです。『HoSoNoVa』(2011年)の『ただいま』で使いました」

健身球。中華街で購入。「指の訓練のために使うんですね。ふたつの球を片手でグルグル回すと音がするんです、チリンチリンって」

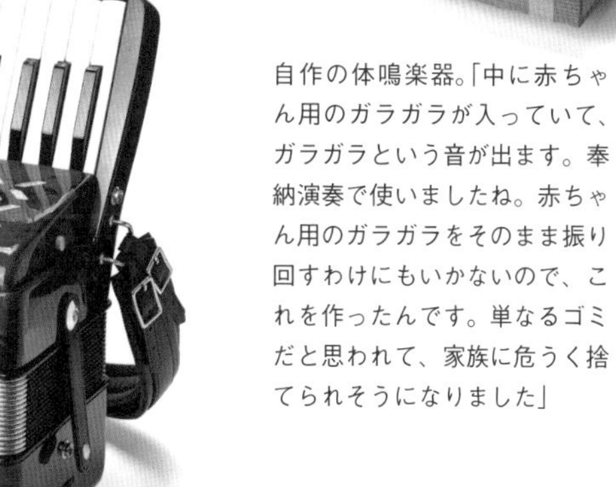

自作の体鳴楽器。「中に赤ちゃん用のガラガラが入っていて、ガラガラという音が出ます。奉納演奏で使いましたね。赤ちゃん用のガラガラをそのまま振り回すわけにもいかないので、これを作ったんです。単なるゴミだと思われて、家族に危うく捨てられそうになりました」

トンボのテナー・アコーディオン。「自分用に買った非常に安くて軽いやつです」

Talk About Hosono

水原希子

私の世界中にいる友達はみんな細野ファン！　2018年の年始に細野さんが台湾と香港でライブをすると聞いて、急いでチケットを取った！　妹の佑果とモニカ、LAからの友達も合流して、みんなでワイワイ細野さんを追っかけました。それをきっかけに細野さんと仲良くさせていただいて、何故かブライトンのライブで突然歌わせていただいたり（心の底から、生きてて良かったって感じた瞬間・泣）ラジオに出していただいたり、ライブグッズを製作させていただいたり……そんな関係になったのですが、実は私と細野さんが出会ったのは、私の初めての映画『ノルウェイの森』。しかも実はクランクインの日に会っていた。私はその当時、目の前の事に精一杯で細野さんの事を見る余裕などなく……ただ今振り返ると、私にとっての神様、細野さんが私にとって転機となった瞬間に居たというのが、運命を感じずにはいられない。2018年も私にとって、大きな転機。細野さんはいつも私の大切な瞬間にいるのです。細野さん、もしかしたら私たちって運命かも？　あはは。細野さんの音楽はタイムトリップしているような、旅をしているような気持ちにさせてくれる。この地球にとって大切な宝物です。これからもずっと、眠そうで、お茶目で、エイリアンばりのミステリアスな細野さんが大好きです♡

2019年1月『細野晴臣イエローマジックショー2』撮影にて。左から水原佑果、水原希子、細野

中華
泰安洋行

いろは
にほ
と
ぬ
か

2005~

"THE MUSIC OF MEMORY"

記憶の音楽

2005年、狭山市で行われたハイドパーク・ミュージック・フェスティバルに出演し、久々に『HOSONO HOUSE』の楽曲を歌ったことを契機に、自らヴォーカルをとるライブ活動が活発化。ルーツ音楽のカバーを積極的に行い、07年にはハリー細野&ワールド・シャイネスとしてアルバム『フライング・ソーサー 1947』を発表する。また同年には坂本龍一、高橋幸宏とHASYMO名義でシングル「RESCUE」をリリース。カップリング曲「RYDEEN 79/07」をYMOの名義で発表し、08年にはYMOとして欧州ツアーを行った。一方、細野は11年の東日本大震災以降、記憶に埋もれたいい音楽を後世に残したいとの思いを強め、同年に発表した38年ぶりの全曲ヴォーカル・アルバム『HoSoNoVa』、13年『Heavenly Music』、17年『Vu Jà Dé』で、ブギウギ、カントリー、R&Bといった20世紀の名曲をカバーし、同時にメロディを大切にしたオリジナル曲を披露した。18年、映画『万引き家族』のサウンドトラックで日本アカデミー賞最優秀音楽賞受賞。アジア・フィルム・アワード最優秀音楽賞受賞。19年、『HOSONO HOUSE』を自宅録音でセルフカバーしたアルバム『HOCHONO HOUSE』リリース。さらに近年、海外において細野の再評価が積極的に行われ、18年にイギリス単独公演、19年にアメリカ単独公演を実施し、いずれも成功を収めている。

平成17年（58歳）

ハイドパークから再び歌と生演奏の楽しさへ。

7月27日：坂本冬美名義のシングル「Oh, My Love ～ラジオから愛のうた～」（作詞：忌野清志郎、作曲：細野晴臣）リリース

8月24日：細野晴臣　アルバム『La Maison de Himiko』リリース

8月27日：映画『メゾン・ド・ヒミコ』（犬童一心 監督）公開（音楽を担当）

9月4日：細野晴臣　ハイドパーク・ミュージック・フェスティバル参加

12月27日：細野晴臣＆東京シャイネス　ライブ「東京シャイネス」開催（東京）

「変化のいちばん大きなきっかけは05年の狭山の〝ハイド・パーク・ミュージック・フェスティヴァル〟でした。その日までライヴでうたうのは好きじゃないと言ってたんですが、狭山は『ホソノハウス』を作った場所なので、出たんです。そしてその日を境にずっとうたってるんです」

（『ミュージック・マガジン』ミュージック・マガジン／2011年4月号）

「その日はニューオリンズがハリケーンで水没した何日か後でしたが、演奏が聞こえないくらい大雨が降ってね。普通だったら中止ですよ（笑）。それでもみんなやっている。残っているお客さんもいる。これはお祈りしなくちゃと思って、雨の神さまに真剣にお祈りしたら、雨が止んだんですよ。止んだのはたまたまだろうけど（笑）、ステージに出ると、ぬかるみと靄の中でお客さんがニコニコして待っている。それを見て、『フィールド・オブ・ドリームス』みたいな世界だ、とメンバーも感動しちゃって、その経験が力になって、いまにいたってるんです」

（『ミュージック・マガジン』ミュージック・マガジン／2011年4月号）

『La Maison de Himiko』

ワーナーミュージック・ジャパン

DISC 1: オリジナル・サウンドトラック メゾン・ド・ヒミコ

1. メイン・タイトル／2. バス／3. 部屋／4. 食卓／5. 自転車／6. 自転車 2／7. ピッキー／8. 母の写真／9. プールにて／10. 海／11. コスプレ・マンボ／12. 伊達男／13. ふれ合う／14. 父と娘／15. バイバイ／16. ハッピー／17. メゾン・ド・ヒミコ - エンディング・タイトル／18. 母の教え給いし歌／19. アンサング・ソング／20.「写真」: 宅録版

DISC 2: オリジナル・トラック・アンド・ミュージック メゾン・ド・ヒミコ

1. オープニング／2. 逢いたくて逢いたくて〈園 まり〉／3. N.A.〈筒井康隆〉／4. バス／5. 部屋／6. 食卓／7. 自転車／8.「レインボー戦士」〈高橋哲也〉／9. 写真 #1／10. ペリカン通り殺人事件〈コシミハル〉／11. 海／12. 写真 #2／13. 沙織と春彦／14. コスプレ・マンボ／15. ボン・ニュイ・ミノーシュ〈コシミハル〉／16. 伊達男／17. ヒミコ・ラヴァーズ〈サワサキヨシヒロ！〉／18. また逢う日まで〈尾崎紀世彦〉／19. ふれ合う／20. 父と娘／21. 母の教え給いし歌／22. バイバイ／23. ハッピー／24. 母の教え給いし歌〈釜洞祐子（Vo）松川 儒（Pf）〉／25. メゾン・ド・ヒミコ - エンディング・タイトル

犬童一心監督の映画『メゾン・ド・ヒミコ』（2005年）のサウンドトラック。映画『源氏物語』以来、劇伴を務めるのは20年振りとなった。この時期はスケッチ・ショウ～HASYMOでの活動と並行しているため、DTMで制作されたエレクトロニカやアンビエントが多い。爽やかなDisc-1②はテレビCMでも使用された楽曲。コシミハルのアコーディオンが美しい⑨のタンゴ、デジタルなマンボの⑪は、その後の作品のモチーフになる要素が多く、細野のソロ作とも言える。またDISC-2には、劇中で流れる②、⑱のエディットなどの既発曲も。③の筒井康隆のナレーション、⑧の戦隊もののSEとセリフはそのまま収録されている。

提供：株式会社ワーナーミュージック・ジャパン

2月 気候変動枠組条約に関する「京都議定書」発効
4月 北京で大規模反日デモ
7月 JR福知山線の列車脱線事故
7月 ロンドン同時爆破事件発生
8月 米国フロリダ州やルイジアナ州にハリケーン「カトリーナ」上陸
10月 アンゲラ・メルケルCDU党首が女性及び旧東独出身者初のドイツ首相就任

「Oh, My Love ～ラジオから愛のうた～」
EMIミュージック・ジャパン

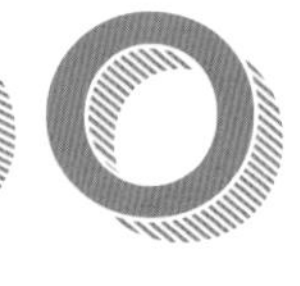

2006

平成18年（59歳）

フジロックフェスティバル初出演。

「僕が目ざしているのは、どこにもない音楽ではなく、どこかにあるのだが、それとはちょっと違う音楽だ」

（『アンビエント・ドライヴァー』細野晴臣／マーブルトロン／2006年）

『アンビエント・ドライヴァー』

『東京シャイネス』
ビクターエンタテインメント

『南の島の小さな飛行機バーディー ～オリジナル・サウンドトラック』
ヤマハミュージックコミュニケーションズ
©NHK・NEP・スタジオディーン

1月28日：細野晴臣&東京シャイネス　ライブ「東京シャイネス」開催（京都）

4月：NHK教育テレビでCGアニメ『南の島の小さな飛行機バーディー』放送開始（音楽を担当）

4月21日：細野晴臣&東京シャイネス　ライブ「東京シャイネス」開催（福岡）

7月28日：細野晴臣　フジロックフェスティバルにハリー・ホソノ・クインテットとして参加

8月2日：細野晴臣（監修）　アルバム『南の島の小さな飛行機バーディー ～オリジナル・サウンドトラック』リリース

9月21日：細野晴臣　ライブDVD『東京シャイネス』リリース

9月28日：単行本『アンビエント・ドライヴァー』（細野晴臣 著／マーブルトロン）発刊

11～12月：NHK総合テレビでドラマ『ウォーカーズ』放送（音楽を担当）

5月　インドネシアのジョグジャカルタでマグニチュード6・3の地震発生。5782人が死亡

7月　北朝鮮が7発の弾道ミサイルを日本海へ向け連射
　　イスラエル軍によるレバノン侵攻

12月　サッダーム・フセイン元イラク大統領の死刑執行

2007

平成19年（60歳）

還暦イヤーは多彩に活動。HASからHASYMO。バンド・サウンドのアルバムも。

2月3日：YMO　配信シングル「RYDEEN 79/07」リリース

2月7日：細野晴臣　BOXセット『ハリー細野　クラウン・イヤーズ1974-1977』リリース

3月：単行本『対談の本 ロックンロールから枝豆まで』（細野晴臣 著／マーブルトロン）発刊

4月25日：V.A.（細野晴臣ほか）　トリビュート・アルバム『細野晴臣トリビュートアルバム -Tribute to Haruomi Hosono-』リリース

5月19日：ヒューマン・オーディオ・スポンジ　ライブ「Smile Together Project Special Live 2007」開催

7月7日：YMO　京都・東寺で行われたライブ「ライブ・アース」参加

「RYDEEN 79/07」
commmons

『対談の本 ロックンロールから枝豆まで』

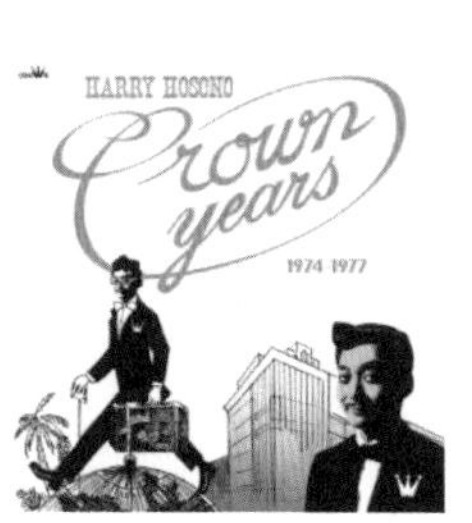

『ハリー細野　クラウン・イヤーズ1974-1977』
日本クラウン

『細野晴臣トリビュートアルバム -Tribute to Haruomi Hosono-』
commmons

「ここ30余年の間に定着したダビングによるマルチ・レコーディングは、今やパソコンで誰もが扱えるものになり、一人でベッドルームに篭り音を積み重ねて面白い音響を作ることが21世紀の音楽環境である。それはまるで絵を描くように音を作ることが基本になっていた。ところが3年前に偶然始まった『東京シャイネス』の活動が思わぬ扉を開けてしまったのだ。それがバンド・サウンドである」

（『フライング・ソーサー1947』ライナーノート／ビクターエンタテインメント／2007年）

2007年、パシフィコ横浜で行われたヒューマン・オーディオ・スポンジ（HAS）のライヴにて

7月28日：生誕60年を祝うイベント「細野晴臣と地球の仲間たち〜空飛ぶ円盤飛来60周年・夏の音楽祭〜」開催

8月22日：HASYMO／YMO マキシ・シングル「RESCUE／RYDEEN 79/07」リリース

9月26日：ハリー細野&ザ・ワールド・シャイネス アルバム『フライング・ソーサー1947』リリース

10月17日：細野晴臣（監修／HASYMO） アルバム『EX MACHINA ORIGINAL SOUNDTRACK』リリース

10月20日：映画『EX MACHINA -エクスマキナ-』（荒牧伸志 監督）公開（音楽監修）

12月22日：細野晴臣（プロデュース、出演） DVD『細野晴臣イエローマジックショー』リリース

1月 米アップルのスティーブ・ジョブズがiPhoneの初代モデル発表
2月 イラク・バグダッドでイラク戦争後最大規模の自爆テロ発生
3月 インドネシア・スマトラ島中部でマグニチュード6・3の地震
12月 ネパール政府、240年続いた王制を廃止し、共和制の導入を発表

『細野晴臣イエローマジックショー』
ポニーキャニオン

『EX MACHINA ORIGINAL SOUNDTRACK』
commmons

『FLYING SAUCER 1947』HARRY HOSONO & THE WORLD SHYNESS

ビクターエンタテインメント／SPEEDSTAR RECORDS

1. PISTOL PACKIN' MAMA／2. THE WAYWARD WIND／3. BODY SNATCHERS／4. FLYING SAUCER BREAKDOWN／5. CLOSE ENCOUNTERS／6. MIRACLE LIGHT／7. MORGAN BOOGIE／8. POM POM JOKI／9. SPORTS MEN／10. SHIAWASE HAPPY／11. YUME-MIRU YAKU-SOKU／12. FOCAL MIND

スケッチ・ショウで電子音楽〜エレクトロニカを探究。その活動と並行して、2005年からカントリー＆ウェスタンやオールディーズのカバー曲を中心にしたレパートリーでライブ活動をしていた東京シャイネス。浜口茂外也（Dr）、徳武弘文（G）、高田漣（Steel Guitar）、伊賀航（B）、コシミハル（Accordion）をパーマネントメンバーに、ハリー・ホソノ＆ワールド・シャイネスに改名。ステージ慣れしているだけに2日間で9曲というハイスピードでレコーディングされたというデビュー作。海外のカバー曲は①と②のみ。1984年の③、森高千里への提供曲⑥、76年の⑧など、自らの楽曲をカントリーへアレンジしたセルフカバーが並ぶ。またHISの⑩には忌野清志郎も参加して、お祭り気分を盛り上げてくれる。

2008

平成20年（61歳）

YMO ヨーロッパ公演開催。

1月23日：V.A.トリビュート・アルバム『細野晴臣 STRANGE SONG BOOK-Tribute to Haruomi Hosono 2』リリース

3月：平成19年度芸術選奨大衆芸能部門で文部科学大臣賞受賞

3月12日：HASYMO　ライブDVD『HAS/YMO』リリース

3月26日：細野晴臣　DVD『細野晴臣と地球の仲間たち〜空飛ぶ円盤飛来60周年・夏の音楽祭〜』リリース

4月22、23日：細野晴臣&ワールドシャイネス　ビルボードライブ東京でライブ開催

6月：YMO　イギリス・ロンドン、スペイン・ヒホンでライブ開催

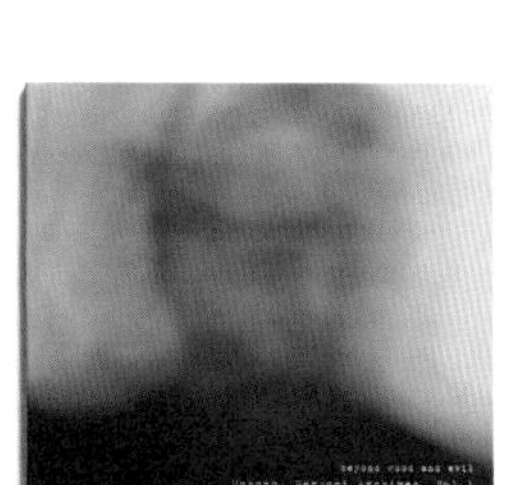

『細野晴臣アーカイヴスvol.1』
ビクターエンタテインメント／SPEEDSTAR RECORDS

『デイジー・ホリデー presented by 細野晴臣』
コロムビアミュージックエンタテインメント

『HAS/YMO』
日本コロムビア

『細野晴臣 STRANGE SONG BOOK-Tribute to Haruomi Hosono 2』
エイベックス・マーケティング

『細野晴臣と地球の仲間たち 〜空飛ぶ円盤飛来60周年・夏の音楽祭〜』
エイベックス・エンタテインメント

6月10日：単行本『細野晴臣 分福茶釜』（細野晴臣、鈴木惣一朗（聞き手）／平凡社）発刊

7月9日：細野晴臣　アルバム『細野晴臣アーカイヴス vol.1』リリース

7月9日：V.A.（細野晴臣ほか）コンピレーション・アルバム『デイジー・ホリデー presented by 細野晴臣』リリース

8月6日：HASYMO　マキシ・シングル「The City of Light / Tokyo Town Pages」リリース

8月10日：HASYMO「WORLD HAPPINESS 2008」参加

8月27日：細野晴臣（プロデュース）　アルバム『グーグーだって猫である』リリース

9月6日：映画『グーグーだって猫である』（犬童一心監督）公開（音楽を担当）

細野晴臣　くるり主催のフェス「京都音楽博覧会2008」出演

10月9日：単行本『神楽感覚 ―環太平洋モンゴロイドユニットの音楽世界』（細野晴臣、鎌田東二／作品社）発刊

12月10日：YMO　ライブ・アルバム『EUYMO -YELLOW MAGIC ORCHESTRA LIVE IN LONDON+GIJON 2008-』リリース

「これからは、いいメロディ、いい詞を書きたいっていう、そういう時期になってきた」

（『細野晴臣 分福茶釜』細野晴臣、聞き手：鈴木惣一朗／平凡社／2008年）

「結局のところ一番の衝動は楽しさなんだよ。自分が楽しくやるためにそうやってる。『ノッちゃうなあ』って感じ。そこに自分がいる」

（『細野晴臣 分福茶釜』細野晴臣、聞き手：鈴木惣一朗／平凡社／2008年）

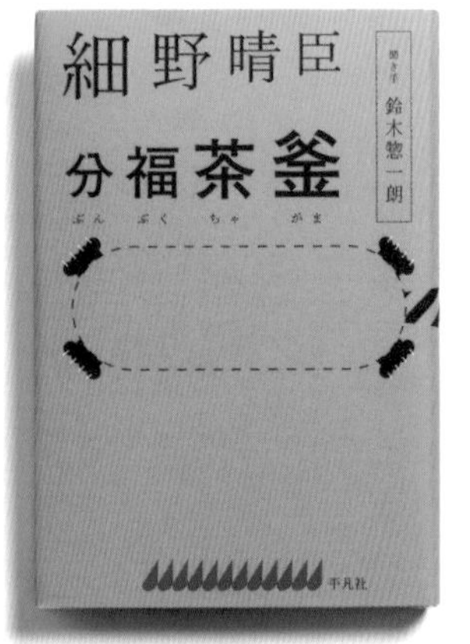

『細野晴臣 分福茶釜』

YMO ライブ・アルバム『LONDONYMO -YELLOW MAGIC ORCHESTRA LIVE IN LONDON 15/6 08-』リリース

YMO ライブ・アルバム『GIJONYMO -YELLOW MAGIC ORCHESTRA LIVE IN GIJON 19/6 08-』リリース

1月 イラク・バグダッドで観測史上初の降雪を観測
2月 コソボがセルビアから独立
5月 中国の四川省でマグニチュード8・0の巨大地震。死者行方不明者8万人超
8月 ロシア軍がジョージア侵攻
北京オリンピック、9月には北京パラリンピックの開催
9月 アメリカの大手投資銀行リーマン・ブラザーズが経営破綻。金融危機が世界的に拡大

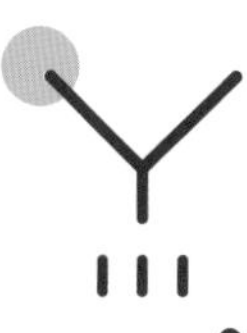

『EUYMO -YELLOW MAGIC ORCHESTRA LIVE IN LONDON + GIJON 2008-』
commmons

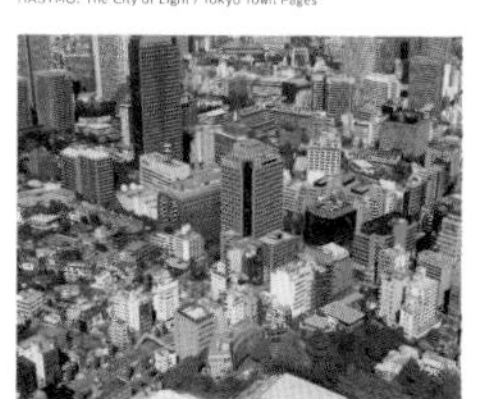

「The City of Light / Tokyo Town Pages」
commmons

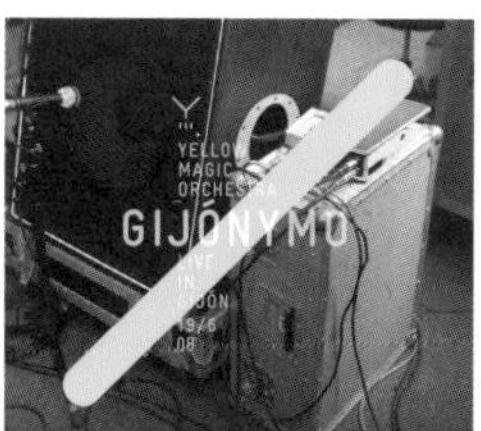

『LONDONYMO -YELLOW MAGIC ORCHESTRA LIVE IN LONDON 15/6 08-』
commmons

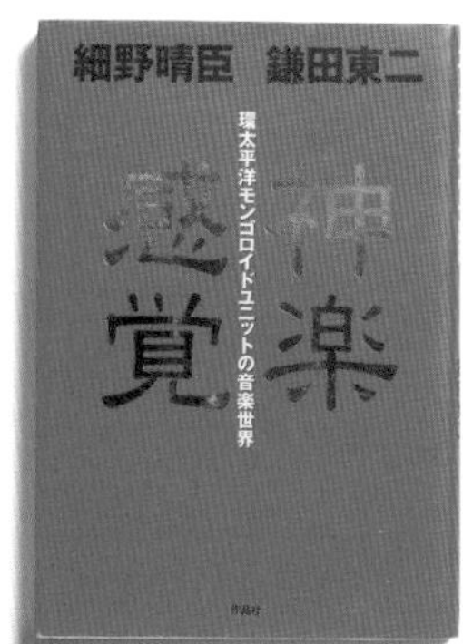

『神楽感覚 ―環太平洋モンゴロイドユニットの音楽世界』

『GIJONYMO -YELLOW MAGIC ORCHESTRA LIVE IN GIJON 19/6 08-』
commmons

『グーグーだって猫である』
コロムビアミュージックエンタテインメント

平成21年（62歳）

数多く手がけた作曲家としての仕事の集大成。

1月29日：青山CAYでのイベント「デイジーワールドの集い」初開催

4月29日：提供楽曲を集めたオムニバスBOXセット『細野晴臣の歌謡曲 20世紀ボックス』リリース

4〜7月：NHK『マネー資本主義』放送（テーマ音楽を担当）

7月15日：アン・サリー、コシミハル&細野晴臣 配信シングル「Each Smile - EP」リリース

8月9日：YMO「WORLD HAPPINESS 2009」参加

8月26日：YMO DVD『POSTYMO 〜 Yellow Magic Orchestra Live in London 2008』リリース

11月 細野晴臣 YOKO ONO PLASTIC ONO BAND コンサートツアー「BETWEEN MY HEAD AND THE SKY」参加（東京、大阪）

12月24日：細野晴臣 キネマ旬報90周年記念ライブ「映画を聴きましょう」プロデュース、出演

「僕は、音楽のインスピレーションというのは空から降ってきて、自分というミディアム（媒体）を通して出ていくのだと思うことがある」

（『アンビエント・ドライヴァー』細野晴臣／マーブルトロン／2006年）

『細野晴臣の歌謡曲 20世紀ボックス』
コロムビアミュージックエンタテインメント

『POSTYMO 〜 Yellow Magic Orchestra Live in London 2008』
commmons

1月 バラク・オバマが、黒人として初の第44代アメリカ合衆国大統領に就任
2月 アメリカとロシアの人工衛星が衝突。人工衛星同士の初衝突事故
4月 アメリカ自動車会社大手クライスラー、6月に最大手ゼネラルモーターズが倒産
6月 新型インフルエンザ、WHOがパンデミック宣言
マイケル・ジャクソンが死去
7月 中国・新疆ウイグル自治区で大規模暴動
10月 ノーベル平和賞をバラク・オバマ米大統領が受賞

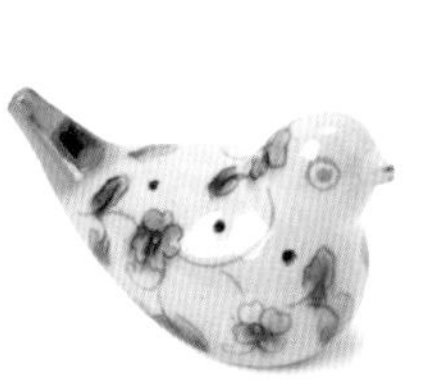

『細野晴臣の歌謡曲 20世紀ボックス』フォトセッションより

細野プロデュース・ライヴ
『映画を聴きましょう』で
のワン・シーン

2010

平成22年（63歳）

都会のBGMを選曲。細野流「街角の音楽」。

東京ガス（妻夫木聡と共演）と江崎グリコ〈ポッキー〉（YMOとして出演）のCMに出演

2月・10月：細野晴臣　YOKO ONO PLASTIC ONO BAND コンサート「We Are Plastic Ono Band」参加（ニューヨーク、ロサンゼルス、レイキャビク）

5月：細野晴臣（プロデュース）　東京ミッドタウン（六本木）のために選曲、プロデュースしてきた音源を集めたアルバム『プロムナード・ファンタジー』リリース

8月8日：YMO　「WORLD HAPPINESS 2010」参加

12月11日：映画『ノルウェイの森』（トラン・アン・ユン監督）公開（レコード店店長役で出演）

1月　カリブ海のハイチでマグニチュード7・0の地震発生。31万6千人が死亡
5月　上海国際博覧会が開催
6月　小惑星探査機「はやぶさ」が7年ぶりに宇宙から帰還
9月　北朝鮮で金正恩が中央軍事委員会副委員長に選出
11月　北朝鮮が韓国・延坪島砲撃。韓国領土への攻撃は朝鮮戦争以来

WE ARE PLASTIC ONO BAND
YOKO ONO
PLASTIC ONO BAND
WITH
JUSTIN BOND
ERIC CLAPTON
CORNELIUS
KIM GORDON
YUKA HONDA
HARUOMI HOSONO
JIM KELTNER
SEAN LENNON
BETTE MIDLER
THURSTON MOORE
MARK RONSON
SCISSOR SISTERS
HARPER SIMON
PAUL SIMON
KLAUS VOORMANN
MARTHA WAINWRIGHT
GENE WEEN
&
YOU
FEBRUARY 16, 2010 • 8 PM
BAM HOWARD GILMAN OPERA HOUSE • PETER JAY SHARP BUILDING
30 LAFAYETTE AVENUE • BROOKLYN, NY 11217 • FOR TICKETS: 718-636-4100 or WWW.BAM.ORG

『プロムナード・ファンタジー』
Daisyworld Discs

2011

平成23年（64歳）

ソロとして38年ぶりの全曲ボーカル・アルバム登場。そして、東北へ。

4月20日：細野晴臣　アルバム『HoSoNoVa』リリース

5月1日：細野晴臣「細野晴臣『HoSoNoVa』コンサート」開催

6月26～27日：YMO　アメリカ・ロサンゼルス、サンフランシスコにてライブ開催

7月31日：YMO　フジロックフェスティバル参加

8月7日：YMO「WORLD HAPPINESS 2011」参加

9月：「くるり×細野晴臣 東北ツアー」開催

9月23日：細野晴臣　くるり主催のフェス「京都音楽博覧会２０１１」出演

『HoSoNoVa』

ビクターエンタテインメント／SPEEDSTAR RECORDS

1. ラモナ／2. スマイル／3. 悲しみのラッキースター／4. ローズマリー、ティートゥリー／5. ただいま／6. ロンサム・ロードムービー／7. ウォーカーズ・ブルース／8. バナナ追分／9. レイジーボーン／10. デザート・ブルース／11. カモナ・ガール／12. ラヴ・ミー

東日本大震災の直後に発表されたアルバム。「最近、ボサノヴァを聴いているんだ」という細野の発言に、「ホソノヴァですね」と名編集者の故・川勝正幸氏が放ったダジャレから命名されたという。4年ぶりのオリジナル作かつ、全曲でボーカルを取るのは『HOSONO HOUSE』以来38年ぶりということで話題を集めた。ゆったりした①で幕を開け、NHKの番組へ提供した②、書き下ろしの切ない③、まさにホソノヴァなリズムの④。ゲストも多彩で、細野と雑誌の対談連載を持つ若き盟友、星野源のカバー⑤と、作詞した⑧はレーベルメイトのCOCCOとデュエットを披露。⑨ではヴァン・ダイク・パークス、⑪ではオノ・ヨーコが声を聴かせてくれる。

1月　チュニジアでジャスミン革命。23年間の独裁政権が崩壊
　中国の2010年国内総生産（GDP）が日本を抜き、世界第2位に
2月　エジプトでムバラク大統領が辞任。一連の民主化運動は「アラブの春」と呼ばれる
　ニュージーランド南島のクライストチャーチ付近でマグニチュード6・3の地震が発生
3月　東日本大震災、マグニチュード9・0の地震発生。この地震で福島第一原子力発電所で大規模な原子力事故発生
5月　国際テロ組織アルカイダの首領ウサマ・ビンラディン容疑者が殺害される
6月　2011FIFA女子ワールドカップで、サッカー日本女子代表が初優勝
9月　ニューヨーク、ウォール街から反格差デモ全米各地に拡大
10月　米元アップルCEOスティーブ・ジョブズが死去

「散漫していたあらゆる要素が収束をし始めている。曰く、40〜50年代の音、昔の東京への憧れ、昭和の歌謡曲（演歌だ！）、ブルースからサンバへ。これらがまとまるのはこれからの話だ。こんな気分を昔味わったことがある。70年代にソロを作るたびに感じていたことだ。『ホソノハウス』から『ホソノ場』へ、自分の中で一本の道が見えてきた」

（『HoSoNoVa』ライナーノート／ビクターエンタテインメント／2011年）

「この年齢になって自分ができることと、それはポップスのルーツの伝承だろうと思っていた。20世紀の果実を食べるだけ食べてきたが、どうやらその果実も絶滅の危機に面している。その種を保存し植え直すということも可能だ。ほとんど種の保存に携わる公園の管理人のような気持ちだが、そんな危機感とは裏腹にユニークな音楽をカヴァーすることの楽しさは得難い。だからオリジナルを作るということは念頭になかった。ところが今回のソロでは周囲の要望により、新作を半分発表することになった」

（『HoSoNoVa』ライナーノート／ビクターエンタテインメント／2011年）

「HoSoNoVa」フォトセッションより

2012

平成24年（65歳）

あの4人が一同に。再結集、キャラメル・ママ。

「ところで、製作中のソロ・アルバム（注・『Heavenly Music』）の裏テーマは〝忘却〟なんです。（中略）僕が音楽をつくるときは、彼方の記憶を引っ張り出したり、夢を思い出したりするような気持ちでやっているから、常に忘れることとの闘いなんだ。忘却というのはだから、そういう点で創作とすごく関係していると思う」

『HOSONO百景 いつか夢に見た音の旅』細野晴臣、中矢俊一郎 編／河出書房新社／2014年）

『YMONHK』
commmons

3月1日：細野晴臣「鎌倉LIVE」開催
4月：タイタニック号沈没の共同墓地があるカナダを訪問
6月7日：カナダ訪問の模様がNHK BSプレミアム『旅のチカラ』で放送
7月7～8日：YMO ライブ「NO NUKES 2012」出演
7月18日：YMO DVD『YMONHK』リリース
8月1日：YMO 配信シングル「Fire Bird」リリース
8月12日：YMO「WORLD HAPPINESS 2012」参加
9月22日：細野晴臣 くるり主催のフェス「京都音楽博覧会2012」出演
10月：「くるり×細野晴臣 東北ツアー2012」開催
11月30日：NHK「松任谷由実デビュー40周年 はてない夢の旅」でキャラメル・ママとして出演

2月 世界一高い自立式鉄塔、東京スカイツリーが竣工、5月に開業
3月 世界人口が70億人を突破
9月 中国全土で尖閣諸島国有化に反発して反日デモ発生
11月 習近平が中国共産党総書記に選出
12月 山中伸弥京都大学教授が人工多能性幹細胞の開発でノーベル生理学医学賞受賞

2013

平成25年（66歳）

記憶に残る名曲をカバー。奏でるのは天国の調べ。

5月22日：細野晴臣 アルバム『Heavenly Music』リリース

5〜6月：細野晴臣「細野晴臣『Heavenly Music』コンサート」開催

12月21日：ライブ「細野晴臣×坂本龍一」を開催

12月22日：ライブ「細野晴臣コンサート」を開催

5月 登山家の三浦雄一郎がエベレストに史上最高齢で登頂成功

11月 インド宇宙研究機関が初の火星探査機「マンガルヤーン」打ち上げ

超人 フィリピン中部を超大型台風30号が直撃。死者行方不明者は7500

12月 ユネスコ政府間委員会で「和食」が無形文化遺産に登録

12月 日本で国家の機密情報を漏らした者に罰則を科す特定秘密保護法成立

『Heavenly Music』

ビクターエンタテインメント／SPEEDSTAR RECORDS

1. Close to You ／ 2. Something Stupid ／ 3. Tip Toe Thru The Tulips with Me ／ 4. My Bank Account Is Gone ／ 5. Cow Cow Boogie ／ 6. All La Glory ／ 7. The Song Is Ended ／ 8. When I Paint My Masterpiece ／ 9. The House of Blue Lights ／ 10. ラムはお好き？ part 2 ／ 11. I Love How You Love Me ／ 12. Radio Activity

「ポップスの果実を、次の世代へ」。そんな想いと敬意を込め、アメリカンポップスの名曲群をカバー。高田漣のスティールギターが極上のバカラック＆デヴィッド作①。シナトラが娘・ナンシーと歌った②はアン・サリーとのデュエットに。口笛の音色も優しい③は1920年代に書かれたヒット曲。③を始め、ザ・バンドの⑥、カントリーの⑦など細野自ら歌詞を和訳して歌っているのもこのアルバムの特徴。本人の承諾が必要なボブ・ディランのカバー⑧は、緩やかなアレンジでザ・バンドのカバーに近く、ここでは岸田繁とデュエット。男目線に歌詞を修正した吉田美奈子への提供曲⑩、クラフトワークの⑫は原発事故問題が頻繁に取りざたされた時期でもあり、よく話題に上った。後にYMOのステージでも演奏されることになる。

「今はもうない音楽。
20世紀の初頭から花
が咲き乱れるように
生まれた珠玉の名曲
が愛おしい」

（『Heavenly Music』ライナーノート、ビクターエンタテインメント／2013年）

「現在を軸に、過去と未来が
交錯する。そのちぐはぐな
混ざり具合がまた楽しい」

（『Heavenly Music』ライナーノート、ビクターエンタテインメント／2013年）

2013

2013

2019

2012

2017

2015

2015

2012

2015

2013

2011

2013

2014

平成26年（67歳）

精力的なライブ活動、続く。

3月25日：単行本『HOSONO百景 いつか夢に見た音の旅』（細野晴臣／河出書房新社）発刊

4～5月：細野晴臣 「細野晴臣コンサート2014」開催

11月25日：単行本『とまっていた時計がまたうごきはじめた』（細野晴臣、鈴木惣一朗（聞き手）／平凡社）発刊

12月：矢野顕子+Tin Pan「さとがえるコンサート2014」出演

12月26日：はっぴいえんど BOXセット『はっぴいえんどマスターピース』リリース

4月 韓国全羅南道珍島沖でクルーズ旅客船「セウォル号」が沈没
5月 タイ軍がクーデターを宣言。憲法を停止
6月 イスラム過激組織がイラク第二の都市モスルを制圧し、「イスラム国」樹立を宣言
9月 香港で香港特別行政区政府に抗議するデモ活動「雨傘革命」

「自分がつくる音楽なんかいまはどうでもいい。昔のいい音楽を残していきたいという思いが一番。それは震災以降、より強くなった」

（『とまっていた時計がまたうごきはじめた』細野晴臣、聞き手：鈴木惣一朗／平凡社／2014年）

「自己表現より音楽の大きな流れを伝えていくことのほうが大事だと思ってる」

（『とまっていた時計がまたうごきはじめた』細野晴臣、聞き手：鈴木惣一朗／平凡社／2014年）

『HOSONO百景 いつか夢に見た音の旅』

『はっぴいえんどマスターピース』
ポニーキャニオン

『とまっていた時計がまたうごきはじめた』

2015

平成27年（68歳）

30年の時を経てはっぴいえんどが再会。

3月18日：細野晴臣×坂本龍一　DVD『細野晴臣×坂本龍一 at EX THEATER ROPPONGI 2013.12.21』リリース

3月21日：細野晴臣　EXシアター六本木でライブ「細野晴臣コンサート2015」開催

3月28日：単行本『地平線の相談』（細野晴臣、星野源／文藝春秋）発刊

6月：細野晴臣　「細野晴臣コンサートツアー2015」開催

6月24日：V.A.（細野晴臣ほか）　アルバム『松本隆作詞活動四十五周年トリビュート 風街であひませう』リリース

8月5日：YMO　ライブ・アルバム『NO NUKES

『細野晴臣×坂本龍一 at EX THEATER ROPPONGI 2013.12.21』
ビクターエンタテインメント

『NO NUKES 2012』
commmons

『地平線の相談』

『松本隆 作詞活動四十五周年トリビュート 風街であひませう』
ビクターエンタテインメント

Yellow Magic Orchestra
Live in San Francisco 2011

『Yellow Magic Orchestra Live in San Francisco 2011』
commmons

2012』リリース

8月5日：YMO　Blu-ray／DVD『Yellow Magic Orchestra Live in San Francisco 2011』リリース

8月21～22日：細野晴臣　松本隆作詞活動四十五周年記念オフィシャル・プロジェクト「風街レジェンド2015」で松本、鈴木茂と共演

9月19日：細野晴臣　日比谷公会堂でライブ「Boogie Woogie Holiday」開催

12月：矢野顕子＋Tin Pan「さとがえるコンサート2015」出演

1月　パリの政治週刊紙「シャルリー・エブド」本社をイスラム過激派の男2人が銃撃
4月　ネパールの首都カトマンズの北西を震源とするマグニチュード7・8の地震
7月　アメリカとキューバが1961年以来54年ぶりに国交回復
9月　南アフリカの人類化石遺跡群で、ヒト族の新種ホモ・ナレディが発見される
9月　サウジアラビアのメッカで群衆事故、2千人以上が圧死
11月　習近平共産党総書記と馬英九総統が中台分断後初の首脳会談
　　シリアを中心に中東やアフリカの紛争や迫害を逃れ、欧州を目指す難民が急増

「音楽をつくっているときって夢を見ている状態に似てるよ。両方とも記憶を辿っていく作業だからね」

（『とまっていた時計がまたうごきはじめた』細野晴臣、聞き手：鈴木惣一朗／平凡社／2014年）

「やっぱり、昔のいい音楽を残したいっていう気持ちがあるんだ。ひょっとすると、いまはそのモードが自分のすべてかもしれない」

（『とまっていた時計がまたうごきはじめた』細野晴臣、聞き手：鈴木惣一朗／平凡社／2014年）

2016

平成28年（69歳）

伝説の横浜・中華街再び。

4月9日：映画『モヒカン故郷に帰る』（沖田修一監督）公開（主題歌「MOHICAN」を手掛ける）

5月7〜8日：横浜・中華街「同發新館」でライブ「細野晴臣 A Night in Chinatown」開催

6〜7月：細野晴臣「港町ツアー」開催

11月2日：細野晴臣 & The Eight Beat Combo　ブルーノート東京でライブ開催

12月：矢野顕子＋Tin Pan「さとがえるコンサート2016」出演

12月21日：細野晴臣　Blu-ray / DVD『A Night in Chinatown』リリース

2月　中南米でのジカ熱の感染流行を受け、WHOが緊急事態宣言
4月　熊本県でマグニチュード6・5、7・3の地震が続いて起こる。いずれも震度7
5月　バラク・オバマ、現職米国大統領として史上初めて広島市訪問
6月　イギリスが国民投票により欧州連合（EU）からの離脱決定
10月　ボブ・ディランがノーベル文学賞を受賞
11月　地球温暖化対策の新たな国際的枠組み「パリ協定」が発効

『A Night in Chinatown』
ビクターエンタテインメント

2015年、恵比寿リキッドルームでのライヴ

2017

平成29年（70歳）

2枚組の新譜で20世紀ポップスを継承。

6〜7月：細野晴臣「初夏ツアー」開催

11月7日：単行本『映画を聴きましょう』（細野晴臣 著、キネマ旬報社）発刊

11月8日：細野晴臣　アルバム『Vu Jà Dé』リリース

11〜12月：「細野晴臣アルバムリリース記念ツアー」開催

1月　ドナルド・トランプが第45代アメリカ合衆国大統領に就任

2月　金正日の長男、金正男がマレーシアで暗殺

5月　プエルトリコが財政破綻

6月　最年少プロ棋士、藤井聡太四段が30年ぶりに29連勝で歴代最多連勝記録達成

7月　核兵器使用や保有、製造などを禁ずる「核兵器禁止条約」が国連で採択
　　イラク政府軍が過激派組織「イスラム国」の最大拠点モスルを奪還
　　ミャンマーで多数のロヒンギャ族難民がバングラデシュに越境。国連からも警告

『Vu Jà Dé』

ビクターエンタテインメント／SPEEDSTAR RECORDS

Disc1 : EIGHT BEAT COMBO

1. Tutti Frutti ／ 2. Ain't Nobody Here But Us Chickens ／ 3. Susie-Q ／ 4. Angel On My Shoulder ／ 5. More Than I Can Say ／ 6. A Cheat ／ 7. 29 Ways ／ 8. El Negro Zumbon (Anna)

Disc2 : ESSAY

1. 洲崎パラダイス／ 2. 寝ても覚めてもブギウギ 〜 Vu Jà Dé ver. 〜／ 3. ユリイカ 1 ／ 4. 天気雨にハミングを／ 5. 2355 氏、帰る／ 6. Neko Boogie 〜 Vu Jà Dé ver. 〜／ 7. 悲しみのラッキースター 〜 Vu Jà Dé ver. 〜／ 8. ユリイカ 2 ／ 9. Mohican 〜 Vu Jà Dé ver. 〜／ 10. Pecora ／ 11. Retort 〜 Vu Jà Dé ver. 〜／ 12. Oblio

『映画を聴きましょう』

HASYMOやYMOでの活動をしながら、『HoSoNoVa』の制作メンバーとライブ活動も継続。さらにはさまざまな場所でレコーディングも敢行。勢力的に活動した結果、オールディーズのカバー集とオリジナル集という、活動史上初となる2枚組みの作品が完成。カバー集はリトル・リチャードで知られる①、ロッカバラードの④、そして突然のラテン⑧など。オリジナル集は、映画『洲崎赤信号パラダイス』（1956年）からインスパイアされた①、ギターとリズムがサンバのような④、ミニマルな⑩、ピアノと電子音が美しい⑫。 また青葉市子がボーカルをとる⑦や『Omni SightSeeing』の⑪などセルフカバーも。過去と現在を行き来する感覚は、2016年に40年ぶりに行った横浜中華街でのライブを彷彿とさせてくれる。

2018

平成30年（71歳）

ソロとして初の海外公演。映画音楽は世界に発信。

1月13日：台湾・台北で「細野晴臣アルバムリリース記念ツアー」開催

1月16日：香港で「細野晴臣アルバムリリース記念ツアー」開催

5月25日：映画『犬ヶ島』（ウェス・アンダーソン監督）公開（日本語版に声の出演）

6月8日：映画『万引き家族』（是枝裕和 監督）公開（音楽を担当）

細野晴臣　配信アルバム『万引き家族 オリジナル・サウンドトラック』リリース

6月23～25日：細野晴臣　イギリス・ロンドン、ブライトンでライブ開催

11～12月：「細野晴臣コンサートツアー」開催

12月12日：細野晴臣　アルバム『銀河鉄道の夜 特別版』リリース

1月　パプアニューギニアの火山島カドバー島が噴火。同島の噴火は有史以来初めて

3月　環太平洋パートナーシップ協定（TPP11）に11か国が署名。12月発効

4月　韓国の文在寅大統領と北朝鮮の金正恩委員長が南北首脳会談。「板門店宣言」を発表

6月　トランプ米大統領と北朝鮮の金正恩朝鮮労働党委員長、史上初の米朝首脳会談

タイのタムルアン洞窟で現地のサッカー少年団が遭難、17日後に13人全員無事救出

7月　オウム真理教の元代表松本智津夫元死刑囚を含む13人の死刑が執行

『銀河鉄道の夜 特別版』
テイチクエンタテインメント

『万引き家族』完成披露試写会会場にて、出演女優の樹木希林と

2019

平成31年／令和元年（72歳）

祝・デビュー50周年。アメリカ・ツアーも大盛況。

1月1日：NHK-BS『細野晴臣イエローマジックショー2』放送

1～2月：「細野晴臣コンサートツアー」開催

2月23日：台湾・台北で「細野晴臣コンサートツアー」開催

3月1日：映画『万引き家族』で第42回日本アカデミー賞最優秀音楽賞を受賞

3月6日：細野晴臣　アルバム『HOCHONO HOUSE』リリース

3月17日：映画『万引き家族』で第13回アジア・フィルム・アワード最優秀音楽賞を受賞

3月27日：V.A.（細野晴臣ほか）コンピレーション・

『ノンスタンダードの響き
Non-Standard collection』
テイチクエンタテインメント

『万引き家族』オリジナル・サウンドトラック

ビクターエンタテインメント／SPEEDSTAR RECORDS

1. Shoplifters／2. Yuri's Going Home／3. Living Sketch／4. Shota & Yuri 1／5. Yuri & Shota's Shoplifting／6. The Park／7. Like A Family／8. Nobuyo & Yuri／9. Going To The Sea／10. Beach／11. Shota & Yuri 2／12. Run Away／13. The Empty Room／14. Image & Collage (Bonus Track)

細野が劇伴を担当した『銀河鉄道の夜』や『メゾン・ド・ヒミコ』を観て以来、劇伴を依頼することを構想していた是枝裕和監督。その念願が叶った作品は第71回カンヌ映画祭でパルムドールを受賞、日本でもロングランを記録することになった。重厚なサスペンス仕立ての①、ピアノがスリリングな⑤や⑫など、単音の繰り返しがシーンを効果的に見せることに成功している。しかしサウンドトラックとしての聴きどころは、ブラッシスティックとピアノの音がまどろみを見せてくれる③、ピアノとギターをシンセサイザーで包んだような⑦、幻想的なSEとマリンバの音が美しい⑨。アンビエントとしても楽しめる楽曲になっている。

アルバム『ノンスタンダードの響き Non-Standard collection』リリース

5月28～29日：アメリカ・ニューヨークでライブ「Haruomi Hosono Concerts In US」開催

6月3日：アメリカ・ロサンゼルスで「Haruomi Hosono Concerts In US」開催

8月28日：ベスト・アルバム『HOSONO HARUOMI compiled by HOSHINO GEN』リリース

9月13日：映画『ある船頭の話』（オダギリジョー 監督）公開（出演）

9月25日：ベスト・アルバム『HOSONO HARUOMI compiled by OYAMADA KEIGO』リリース

細野晴臣 アナログ盤アルバム『万引き家族 オリジナル・サウンドトラック』リリース

10～11月：デビュー50周年記念展『細野観光1969-2019』開催（六本木ヒルズ展望台 東京シティビュー）

11月1日：細野晴臣デビュー50周年記念ドキュメンタリー映画『NO SMOKING（ノースモーキング）』（佐渡岳利 監督）公開

11月30日～12月1日「細野晴臣デビュー50周年記念オフィシャル・プロジェクト」東京国際フォーラム ホールA

Day1「細野晴臣 50周年記念特別公演」

Day2「イエローマジックショー3」

「ここ10年間、ライブではかつてのテクノ曲をC&Wスタイルに置き換えて演奏することが面白かったのだが、ここに来てそれが逆転している」

（『HOCHONO HOUSE』ライナーノート、ビクターエンタテインメント／2019年）

「ポップ・ミュージックの歴史を通じて旋律や和音という基本構造は伝統的に持続されてきたのだが、2010年代にその変化が始まり、いまや新しい音像のアルゴリズムが確立された時代になっている。こういう時に70年代の音楽を現在に移植することは実験的にならざるを得ず、色々な試行錯誤を繰り返すことになった。その経験は楽しい以上にシリアスで厳しいものだったが、その寿命を縮める経験をあざ笑うためにも、アルバムのタイトルを『ホチョノハウス』にしたのだ」

（『HOCHONO HOUSE』ライナーノート、ビクターエンタテインメント／2019年）

『HOCHONO HOUSE』

ビクターエンタテインメント

1. 相合傘～Broken Radio Version～／2. 薔薇と野獣／3. 恋は桃色／4. 住所不定無職低収入／5. 福は内 鬼は外／6. パーティー／7. 冬越え／8. 終りの季節／9. CHOO CHOO ガタゴト・アメリカ編／10. 僕は一寸・夏編／11. ろっかばいまいべいびい

活動50周年イヤーとなる年に発表された、1973年のファーストソロアルバムのリメイク。オリジナルは埼玉県狭山市の自宅でバンドメンバーと制作したのに対し、今回はたった一人。生演奏パートはもちろん、約20年ぶりに自らDTMも駆使してレコーディングしたという。また曲順が正反対になっているのも、リメイクの特色。オリジナルでラストだった「相合傘」が、このリメイクではBroken Radio Versionとして冒頭に収録。また⑨や⑩では時代や環境が変化しているため、歌詞を変更している曲もある。前作『Vu Jà Dé』でより深みを増したボーカルが、②のクワイエットストーム、ファットな③、ミニマルに展開する⑤など、エレクトリックなトラックが楽しい。

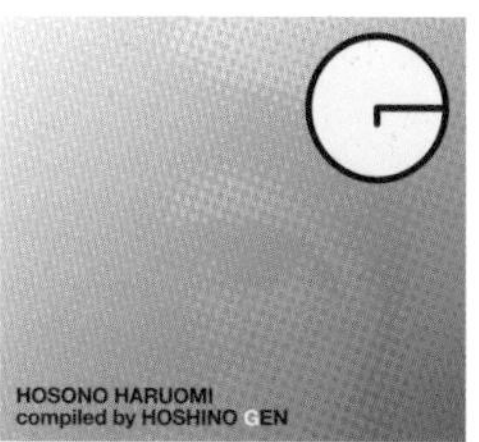

『HOSONO HARUOMI compiled by HOSHINO GEN』
ビクターエンタテインメント／SPEEDSTAR RECORDS

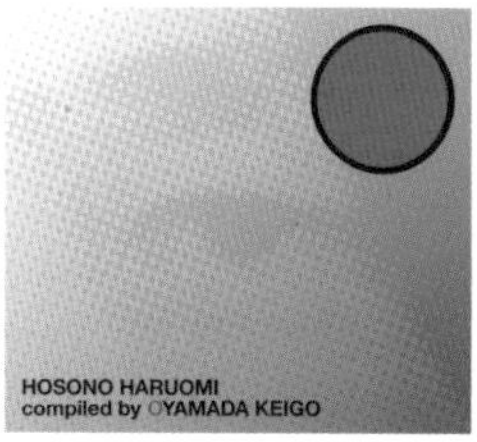

『HOSONO HARUOMI compiled by OYAMADA KEIGO』
ビクターエンタテインメント／SPEEDSTAR RECORDS

1月 中国の月面探査機・嫦娥四号が史上初めて月の裏側に着陸
3月 香港で逃亡犯条例改正案に抗議する大規模デモが始まる
4月 明仁天皇が譲位。平成の終了
5月 皇太子徳仁親王が天皇に即位。令和へ改元
10月 消費税10%スタート

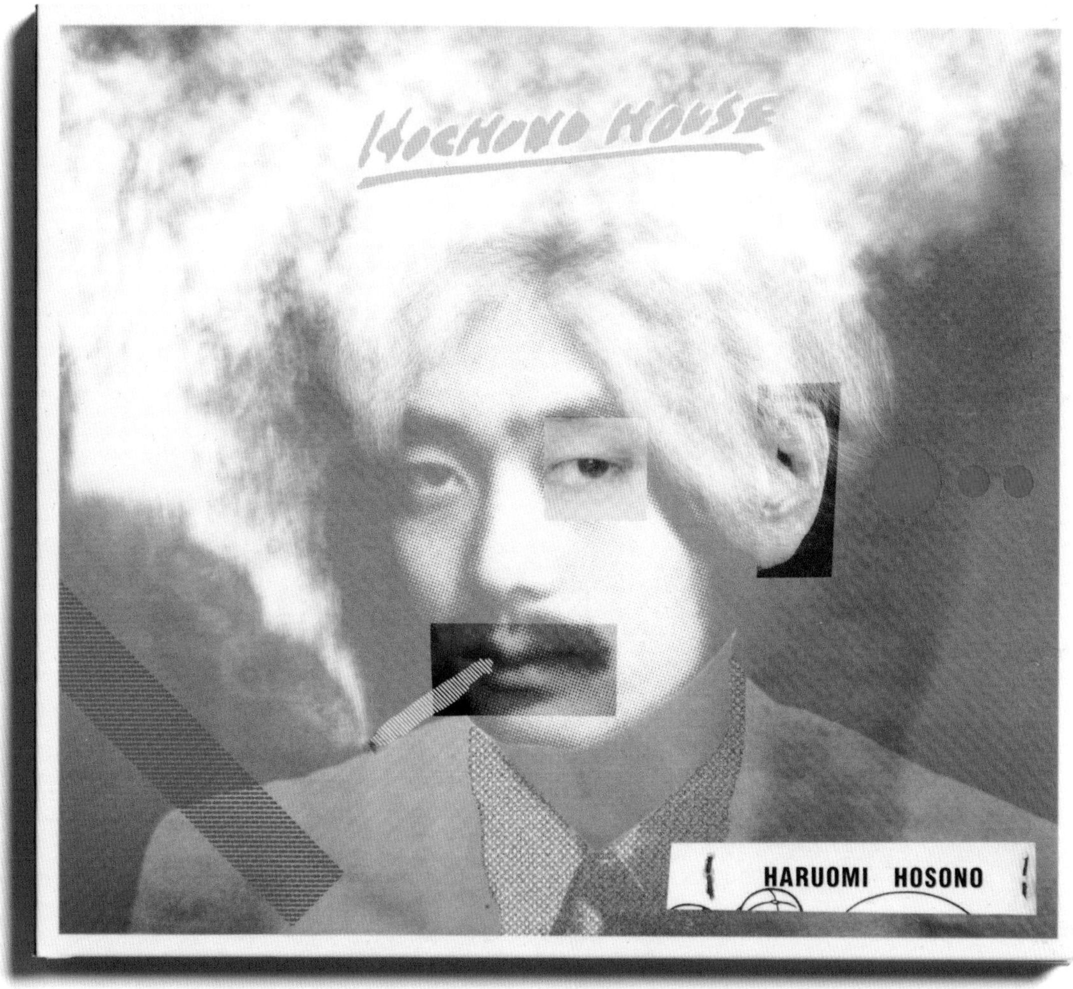

2019年5月、ニューヨーク公演のステージ

STEREO
Bon Voyage co.
細野晴臣
STEREO
Bon Voyage co.
細野晴臣
細野観光
1969 - 2019
細野晴臣
デビュー50周年記念展
TITANIC SINKS
HOSONO SIGHTSEEING 1969-2019
Hosono Haruomi
細野観光へいらっしゃいませ。
黄色魔術
夜行
コンプレックス・シティ
COMIC-CUE
NAUSICAÄ
TITANIC SINKS, 1500 DIE
1969-1973
憧憬の音楽
The Music of Aspiration

六本木ヒルズ展望台 東京シティビューで開催された『細野観光1969-2019』会場の様子。

令和2年（73歳）

50周年イヤーを経て静かに新たな一歩。

1月1日：朝日賞受賞

1月1日：NHK-BS『イエローマジックショー3』放送

1月2日：WOWOW『細野晴臣 50周年記念特別公演』放送

3月18日：細野晴臣デビュー50周年記念ドキュメンタリー映画『NO SMOKING』サウンドトラック 配信シングルリリース

7月：ラジオ番組『Daisy Holiday!』がロンドンのネットラジオ局「NTS Radio」にて放送開始

8月19日：映画『+81Film Gravity』（ガブリエル・ディアス監督）公開（音楽を担当）

11月13日：映画『Malu』（エドモンド・ヨウ監督）公開（音楽を担当）、映画『Malu』オリジナルサウンドトラック配信リリース

1月 イギリスがEUを離脱
3月 東京五輪が新型コロナウイルスの影響で1年延期となる
4月 新型コロナウイルスの感染拡大で第1回緊急事態宣言
8月 安倍晋三首相が辞意表明。連続在任期間7年8カ月は歴代最長
9月 菅義偉内閣発足
10月 映画『鬼滅の刃』が記録的大ヒット。後に興行収入日本歴代1位となる
11月 米大統領選でバイデン氏がトランプ大統領を破り勝利する

Malu 夢路
Directed by Edmund Yeo
Music by Hosono Haruomi

『Malu』オリジナルサウンドトラック
ビクターエンタテインメント／SPEEDSTAR RECORDS

2021

令和3年（74歳）

自身初となるライブ盤アルバムをリリース。

2月10日：ライブ・アルバム『あめりか Hosono Haruomi Live in US 2019』リリース、DVDBoxセット『HOSONO HARUOMI 50th Music, Comedy and Movie』リリース（『細野晴臣 50周年記念特別公演』、『イエローマジックショー 3』、細野晴臣デビュー50周年記念ドキュメンタリー映画『NO SMOKING』）

11〜12月：細野晴臣デビュー50周年記念展『細野観光1969-2021』展（グランフロント大阪・イベントラボ）

11月12日：映画『SAYONARA AMERICA』（佐渡岳利 監督）公開

12月22日：Swing Slow（コシミハル・細野晴臣によるユニット）シングル「swing slow (2021 mix)」リリース、細野晴臣、Vampire Weekend アナログ「Watering a flower 2021」リリース、細野晴臣「Music for Films 2020-2021」リリース

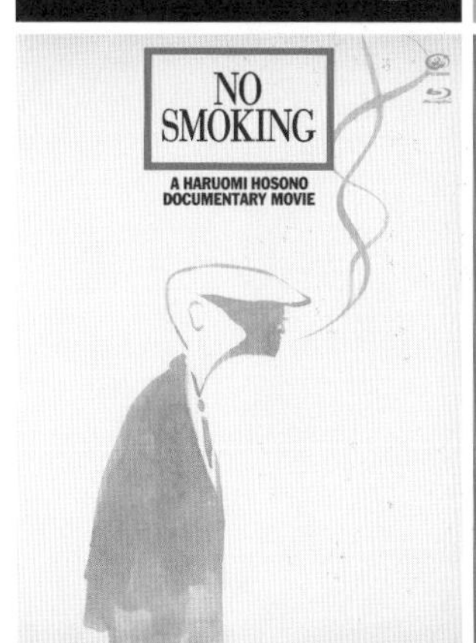

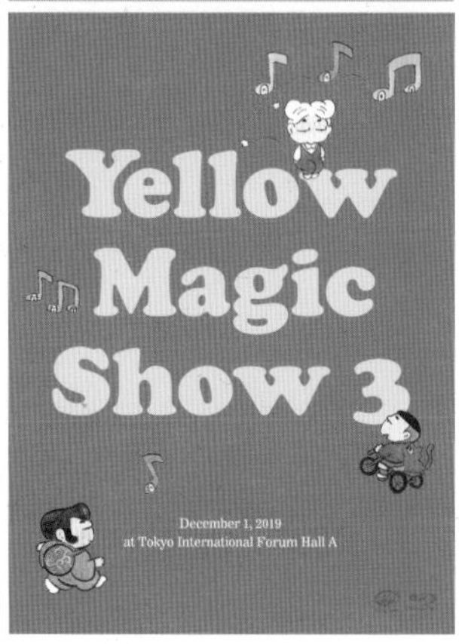

『HOSONO HARUOMI 50th Music, Comedy and Movie』Boxセット
ビクターエンタテインメント／SPEEDSTAR RECORDS

『あめりか Hosono Haruomi Live in US 2019』

ビクターエンタテインメント／SPEEDSTAR RECORDS

1. Tutti Frutti ／ 2. The Song Is Ended ／ 3.Radio Activity ／ 4. 薔薇と野獣／ 5. 住所不定無職低収入／ 6. Choo Choo ガタゴト・アメリカ編／ 7. Angel On My Shoulder ／ 8. Honey Moon ／ 9. Roochoo Gumbo ／ 10. 北京ダック／ 11. 香港ブルース／ 12. Sports Men ／ 13. Cow Cow Boogie ／ 14. Ain't Nobody Here But Us Chickens ／ 15. Pom Pom 蒸気／ 16. Body Snatchers ／ 17. The House of Blue Lights ／ 18. Absolute Ego Dance

2019年に行われた初のアメリカ単独公演。5月28日・29日のNY公演に続く、6月3日のLA マヤン・シアターでの演奏を収録したライブアルバム。DVD化された同年11月の東京公演と比べれば「香港ブルース」、「Absolute Ego Dance」など、セットリストに若干の違いはあるものの、「Honey Moon」ではマック・デマルコをゲストに迎えるなど、非常にリラックスした演奏を聴くことができる。『あめりか』というタイトルは、ライナーノーツから推測するに、悪戦苦闘の末に完成させた『HOCHONO HOUSE』同様、初のアメリカ公演前のナーバスな気持ちを笑い飛ばしたものではないだろうか。また、ブックレットにはプラスαとして、LA公演の楽屋でヴァン・ダイク・パークスと再会する一コマも。

Swing Slow「swing slow (2021 mix)」
ビクターエンタテインメント／SPEEDSTAR RECORDS

2月 ミャンマーで国軍によるクーデターが勃発
新型コロナ・ワクチン、国内接種始まる
4月 松山英樹がマスターズ・トーナメントで日本選手として初優勝
7月 コロナ禍中で東京五輪開催される
8月 アメリカ軍がアフガニスタンから撤退。タリバンが全土を制圧
9月 菅義偉首相、辞任
10月 岸田文雄内閣発足

INTERVIEW WITH HOSONO

聞き手：門間雄介
2021年8月23日／於：白金台「Daisy Bell」スタジオ

――2019年にデビュー50周年を迎えてから2年が経ちました。

いま思うと違う時代の話だよね。変わっちゃったな。2011年もそうだった。東日本大震災のあと、やっぱり変わっちゃったから。分岐点っていうのかな。あのときとあらゆることが似てる気がする。一緒にアメリカ公演に行ったバンドの仲間もそういう感覚で、もう10年以上前の話みたいだとか言ってたけどね。

――アメリカ公演も『HOCHONO HOUSE』のリリースも2019年のことでしたが、ずいぶん前のことのような気がします。

だからもう死んじゃったも同然だね、僕は（笑）。巡回展じゃなくて回顧展だよ、これは。

――あらためて細野さんの50数年の軌跡を振り返ると、細野さんはなぜこんなにも自由にジャンルを横断して、軽やかに変化できたのだろうかと不思議に思います。

売れなかったからだって言ってるけどね（笑）。

――それもひとつの答えなのかもしれませんが（笑）、もう少し深いところでの答えもありますよね？

なんだろうな……僕の真似をすると失敗するよと、若い人たちにはときどき言ってるんだけど、ひょっとしたら世代的なことなのかもしれない。戦後の第一世代で、上の世代がいなかった。分断されちゃったのかな、その頃。親の世代ともね。それでもろにアメリカの文化に洗脳されたから、アメリカの音楽ばかり聴いていた。そういう世代がロックを始めて、誰もやってないことを遠慮なくできたということなんじゃないかな。本当に好きなことしかやってないので、それが癖になって、ずっと続いてるっていうことかもしれないね。

――人によっては、細野さんは飽きやすいからだよって言いますけど。

それもあるね（笑）。

――ただ、単に飽きるのではなく、もともとカオスみたいなもの、得体の知れないものに惹かれるところがあって、それがわかったと思うとまた次のカオスに行きたくなる傾向がありますよね。

そうかもね。音楽の歴史をさかのぼると、そういうカオスがいっぱいあって、そこから面白いものが次々に出てきた。でもいまは整理整頓されちゃって、カオスがないわけでね。結果として、残っている録音（レコード）を聴いて、そういうカオスの渦を自分の中に取り込んでいる。でも日本には、歪んだへんてこりんなカオスがあるんだ、アメリカと日本との関係上。自分の中に音楽的な統合失調があるわけだね。アイデンティティーを持てないっていう。はっぴいえんどのときはそれを感じていたから。それまでコピーばかりやっていて、虚しくなってきた時期で、自分たちと比べてアメリカの好きなバンドはみんなルーツがしっかりしているなと。それを見習って始めたのがはっぴいえんど。ところが最後にアメリカでレコーディングをしたものの、ますます自分たちの居場所が見つからず、また迷子になって「さよならアメリカ さよならニッポン」という曲を作ったわけだね。それはバンドのみんなも感じてたと思う。その状態がいまもずっと続いてる感じかな。自分の居場所がいまだにないと思っていて。まあ、椅子がひとつ空いてたので、そこに座ってるだけでね(笑)。誰かが座ってたら、もう座れないから。

――はっぴいえんどの後もアメリカ村米軍ハウス時代を経て、トロピカル3部作、YMO、ワールド・ミュージック、アンビエントなど、めまぐるしく変化していきました。

エネルギーが動くままに移動していくと、そうなっちゃうのかも。よく言われてたよ、辺境の音楽家って。そうか、辺境なのかと思って。自分から中心にいようとは思わなかったけどね。中心にいると、回転しても動きがないから。周辺にいると振り飛ばされたりして、いろいろ大変なんで(笑)。そういう感じなのかもしれない。

――そっちのほうが面白そうです。

うん。力が働くっていうかね。

――そういった変化の一方で、細野さんの50数年にはある種の一貫性があるように思います。

いま思えばそうかもしれない。そんなに変わってないと自分では思うんだよね。さっき言ったように、はっぴいえんどの頃の気持ちがいまだに続いてるので。

――音楽との関わり方においては、ご自身の中であまり変わりがないということですよね。

そういうことだね。やる音楽や聴く音楽が変わっていくのは当然だから。他者が作る音楽は自分にエネルギーをくれるものだし、いいものを聴いていくとどんどん変わっていくわけでしょう？20世紀の音楽は宝の山なので、そこからいろんな力をもらってきた。それを自分の中でこねくりまわしたり、醸成したりして、自分なりに表現してきただけでね。つねに変化していくのは当然じゃないかな。ある1曲だけが好きで、それを一生ずっと聴いてるっていう人もいるかもしれないけど、それだと飽きちゃうんだよね。

――とはいえ、細野さんほど素直に刺激に反応して、変化できた人はあまりいない気がします。

いまはそういうふうにいい解釈をしてくれる時代になったけど、当時は誰にも理解されなかった。つねに変わっていくと、追いかけられない。だから辺境でやってたという感じかな。

――そこは辺境だったのかもしれませんが、細野さんはそんな場所でつねに音楽を楽しんできました。

それがいちばん大事だね。誰が聴くかわからないという気持ちでやっていて、聴いているのは自分だけだから、人が聴いてどう思うかをあまり考えたことがなかった。この何十年と。でもいまの時代、みんなが聴いてるってわかってくると、緊張しちゃうんだ(笑)。みんなが聴いてるから、ちゃんとやらなきゃって。それが困っちゃうんだよな。

――聴く人のことを考えずに、ただ自分の楽しめる、面白い音楽だけに向き合ってきたということですよね。

そうそう。自分で作って、自分で聴いて、それがつまらなかったら全然駄目だからね。自分を喜ば

2019年5月、ニューヨーク公演の会場「グラマシー・シアター」前で。

自分で作って、自分で聴いて、それがつまらなかったら全然駄目だからね。自分を喜ばせるような音楽じゃないと。

せるような音楽じゃないと。それでいいものができれば、喜びが大きいわけで、ひとりでおめでた踊りをしてた（笑）。まあ、その場限りだけどね。それをあとまで引きずらないというか、自分で作ったものはあまり聴かない。その場で100%聴いちゃうから。

——そんな細野さんでも音楽を嫌いになりそうな時期はありましたか？

あったよ。やっぱりYMOの期間がそうだったのかな。音楽を続けるか、やめるかの瀬戸際から始めたことだし、それがたまたまうまくいっただけでね。商業主義に振り回されて、痛い目に遭ったので、あれからビッグプロジェクトが大嫌いになったわけ。もちろんテクノやニューウェイヴはすごく面白くて、その面白さには興奮してたけどね。それは音響も含めて。主にイギリスから出てくる新しい音楽とキャッチボールするつもりでやっていて、そのときは自由を感じていた。だからまあ、長くやりすぎたっていうだけかもしれないね。3年くらいで限界が来たけど、そのあとも無理してやっていたので。

——その後、ワールド・ミュージックやアンビエントへと移行していく中で、音楽的な変化だけでなく、精神的な変化もありました。ネイティブ・アメリカンの教えやアニミズムが細野さんにとって大事なものだということがわかってきて。

それもはっぴいえんどが終わった頃からあるんだけど、ネイティブ・アメリカンのカルチャーには実はその頃から首を突っ込んでたんだ。その後いろいろあって、日本の神道やある種のオカルトにも首を突っ込んだりして。中沢新一[※1]くんと聖地巡りみたいなことをやって、奈良の天川村に通ったりもしてね。天川村に行くと霊能者がいっぱいいて、そこに巻き込まれたこともあった。天川は霊能者の六本木だとか言っちゃったりして（笑）。でも最近、あの頃は大事な時期だったのかもと思うことがあるんだよね。あの頃の日本には霊能者を自称、他称する、いろんなタイプの人たちがいて、彼らには共通したことがあった。それは大本教[※2]の開祖、出口なおという人が始めたお筆先（神の啓示を自動書記すること）の原典にみんな影響されていたというかね。要するに日本の立替え・立直しというテーマが彼らにはあって、その拠りどころが出口なおのお筆先だと。みんながそういう活動をしていて、山に登ったり、秘密の行をやったりしていたわけだ。天川はそういう人たちが集まるところだったんだね。そんなところにポーンと入っていって、いろんな人たちと交流したんだけど、日本のオカルト史から消えちゃったのか、彼らのことがその後誰からも語られてない。ちょうどそういったことを思い出してるところだったんだ、そう言えば。

——おそらくその頃のものと思われる本が蔵書にもたくさんありましたが、そういった時期を経て、ネイティブ・アメリカンの教えに深く傾倒していきました。

そう。そこに飽き飽きしたんだね。霊能者たちの自慢話に（笑）。オカルトっていうのは迷宮だから、入り込んだら迷っちゃうわけだ。真実なんてひとつではないから。でも本当に大事なことは、もっとシンプルなことなんだよね。それを示してくれたのがネイティブ・アメリカンの教えで、すごくふに落ちた。ネイティブ・アメリカンの人たちは自慢話を全然しないし。

——先日、カルロス・カスタネダ※3による『ドン・ファンの教え』シリーズ3作目『イクストランへの旅』を読み返したんですが、そこには「履歴を消す」とか「自尊心をなくす」とかいうことが書かれていて。

大事なところだ。また読みたいね。

——現在の細野さんの言動と繋がる部分が多いんですよね。

そうだね。あの本に感化されすぎたかな。そのとおりにやろうと思っちゃったから。意識はしてないけど、そうなっちゃってる可能性はあるね。

——ネイティブ・アメリカンの教えに感化される中で、自分はミディアムにすぎないという立ち位置に細野さんはより自覚的になっていきました。それは決定的に大きなことでしたよね？

大きいね。自分の人生が変わったと言っていいかもしれない。それまで考えたこともなかったことを初めて知ったというか。生きてる環境や自然界が示唆してくれることがいっぱいあるんだなと。霊能者たちの言ってることを真に受けてた時代もあったけど、もういいやと思って彼らのところには行かなくなっちゃったんだね。それでネイティブ・アメリカンの本を読み出した。そういった中で『ドン・ファンの教え』は、最初はサイケデリックの本だと思って怖かったんだけど、シリーズ3作目くらいから核心を突いてきてね。あの本に影響された人は、僕らの世代には少なからずいると思う。アメリカに行ったとき、原書を読みたくてペーパーバックを買ってきたんだけど、どっかに行っちゃった（笑）。「管理された愚かさ」（シリーズ2作目『分離したリアリティ』収録）とか、原書ではどう言ってるのかなって調べたくて。

——それに関連して、うかがっておきたいのは「履歴を消す」という考え方についてです。細野さんは過去の著作などで、履歴を消すような方向に生きてきたと話しています。

僕のことは全部暴かれちゃって、逆に消されたも同然だと思ってたんだよね。いろんな本がいっぱい出て、そこですべて話してるし、隠すことは何もない。自分がどういう人間かは、表面的にはバレている。誕生日も知られてるし、「ファミリーヒストリー」まで出ちゃったし。でも大事な部分は自分の中にしまってあるわけでね。

——本当に大事なことは別にあって、そこにだけ目を向けていけばいい、ということですか？

そうそう。あとのことはあまり意味がない。だから言ってないこともいっぱいある。人に言う必要のないことはね。

——履歴を消すというのは、過去に執着しても意味がない、ということでもあるんですか？

それはどうなんだろうね。人によって受け取り方があるだろうけど、ドン・ファン・マトゥスという人の考えには「戦士になるためには？」という前提があるわけだ。「戦士とは何だろう？」と。それは死との戦いだっていうニュアンスがあるね。人間は年を取ると、死から攻撃されると思うんだ。それをかわすためのノウハウを言ってると思う。たとえば、毎日同じルーティーンで暮らしてると狙われるよとか。猛獣が小動物を襲うときは、そういったことを全部チェックしてるんだと。それをかわすためのひとつの方法が「履歴を消す」ということでね。それはなんでかというと、たぶん自尊心の問題と関係があるんだ。自分の履歴にこだわることは、自尊心を増大させるもとにもなるし、履歴がなくなったところで初めて人間の姿が明らかになる。それは戦士に限らず、誰だってそういうことなんだろうね。だから名刺がなくなった定年後の男の人は力がなくなっちゃうわけでしょう。名刺が彼を支えていたから。そういうことにも関係があるし、自尊心を維持することには莫大な力が要る。魂の力をそっちのほうに使っちゃうんだと。そんなつまらないことのために力を使うな、というようなことなんだろうね。

術
ほその
テレビ

2020年、NHKBS放送『イエローマジ

――いまうかがった考え方を、細野さんの50数年の歩みと重ねてみると、やはりそのように行動してきたんだなと思います。

いや、決して意図的じゃないんだけどね。自然にそうなっちゃったんだ。本当はすごく嫌だったんだけどね、履歴を消すって。忍者みたいなものだから。そんなことできるわけがないし、名前が社会的に広まることもやってたからね。そのときに考えたんだ、自分にとって履歴を消すってなんだろうって。そう思ったら、全部明かしちゃうことだろうなと。そうすれば、意味がなくなっちゃう。誰も興味を持たない。それがいいんだよね。

――それが細野さんなりの解釈の仕方ということですね。

そう。ひとりでこそこそ隠れて生きてるわけじゃないから、それしか方法がない。まあ、子どものころは忍者に憧れてたけど(笑)。

――うかがってると、やはり不思議な一貫性があります。それは細野さんが自分の気持ちに素直に従ってきたからなんでしょうか？

素直っていうか、これが昔からの日本人の姿なんじゃないの？ こういう人が日本にはいっぱいいたんだと思うけどね。

――お話を聞いてるうちに、細野さんの顔がドン・ファン・マトゥスみたいに見えてきました。

ははは。それはこの長髪のせいだ。

――そういった音楽的、精神的な遍歴を重ねて、２０１９年に50周年を迎えました。細野さんは２００５年のハイドパーク・ミュージック・フェスティバルに出演して以降、歌と演奏を楽しむスタイルにシフトしてきましたよね。アメリカ公演はその集大成だったんじゃないでしょうか？

そう思うよ。期せずして、っていうかね。アメリカの音楽をやってきて、アメリカで公演するというのは、ひとつ間違えば恐ろしい結果になるかもしれない。だからやるまでは怖かった。そうしたら、自分が思っている以上の聴かれ方をしたので、ああ、大団円かなと。こういうことは今後ないわけでね、人生で一回、初めての経験。それは生まれてからこのかた、ずっとアメリカの音楽を聴いてきて、そこで自分がライブをやったという夢のような話なんだ、自分にとっては。それがうまくいったということは、やっぱりこれは大団円だと。そこから先の自分は死んだも同然じゃないのかな(笑)。

――ブギウギやカントリーを中心に、バンドとして研ぎ澄ませてきた演奏と細野さんの中で円熟していった歌を、最も高まった状態で披露できましたよね。

そう。だから完成したんだよね。10年以上かかった。これまでのどのバンドよりも長くやってきたから。こういうことを言うと、バンドのみんなに申し訳ないけど、これで終わったんだと。これからもやるかもしれないから、あまりはっきりは言えないんだけどね。とにかく不思議な気持ちだよ。２０１９年のライブが終わって、日本に帰ってきたときに来年の２０２０年は休もうと決めてたら、実際にそうなっちゃって。思わぬかたちで。もちろん心から休める状態じゃなかったし、緊張はずっと続いていた。これからどうしようかなっていう時期だよね。

――アメリカ公演後、東京国際フォーラムでの50周年記念特別公演2デイズがありましたが、それ以降ライブはありませんし、映画音楽以外に新曲のリリースもありません。

アルバムも作ってないしね。まあ、映画『SAYONARA AMERICA』がまたひとつの区切りになるかもしれないな。エンディングテーマとして「さよならアメリカ さよならニッポン」をカバーしてるんだけど、それは映画に『SAYONARA AMERICA』というタイトルを付けたところからそんな気持ちになって、はっぴいえんどの頃を思い出してたわけ。ロサンゼルス公演のとき、「さよならアメリカ さよならニッポン」をレコーディングしたサンセット・サウンド・レコーダーズを訪ねたりしたし、思い出すことがいっぱいあるので。あのときはヴァン・ダイク・パークス[※4]も楽屋に来てくれたし。

――「さよならアメリカ さよならニッポン」をカバーしたことは、その先の新たな展望にも繋がりますか？

わからない。まだ展望はないかな。とにかく年齢を考えちゃうね。養老孟司[※5]さんは年を考えるなって言うけど、ときどき考えちゃう。人生50年という時代が日本の歴史の中でほぼ大半を占めると思うけど、最近は人生１００年くらいになってきて、つまり倍くらいになるでしょう？ 50歳から先をどうやって過ごすか、雛型がないわけだね。前例がないわけだ。それをいま実践してるのかもしれない。50歳を過ぎると、人それぞれ生き方が出てくる。年の取り方っていうかね。肉体的にはどうなるかわからないけど、少なくとも心理的な状態としては年を取りたくないなと。でも肉体に引っ張られるのでね、人間って。いろいろ考えるよ、いま。

――過去に誰もしたことのないことをやっていくという意味では、はっぴいえんどの頃からずっと同じです。

変わらないね。でも最近はついていけない感じもあるな、世の中の音楽に。だからこれからやりたいことなんて……あるな、思い出した（笑）。

――たぶん、いまの音楽にはついていけないということを昔からおっしゃってたんでしょうし。

ああ、そうだね（笑）。

――一方ではサム・ゲンデル[※6]を聴いていたりして、いまの音楽に興味をなくしたわけではありません。

自分にとって履歴を消すってなんだろうって。そう思ったら、全部明かしちゃうことだろうなと。そうすれば、意味がなくなっちゃう。誰も興味を持たない。それがいいんだよね。

それは客観的に聴いてるんだけどね。若い世代のミュージシャンたちがみんな聴いていて、それが面白いなと思って。みんな同じように聴いてるから。サム・ゲンデル周辺の人たちには音楽を変える力がある気がするな。さっそく影響が出ている人もいるし。決してポップじゃないし、わかりにくいにもかかわらず力がある。影響力があるね。

――ともあれ、これからやりたいことがあると、ちゃんとうかがえたのでよかったです。

はっきりとは自分でもよくわかってないんだけど、あるだろうね。でもこの状況が続くと、まだやりたくないかな。世界中にいる僕と同世代の音楽家たちは、みんな控えてるというか、弱ってるのかわからないけど、あまり活動してないよね。微妙な年齢なんだろうなと思うよ。

――細野さんの後の世代の人たちが、細野さんからの影響を公言する時代になってきました。後の人たちに残しておきたいものは何ですか？

何かあるとしたら、少なくともバンドのメンバーは僕にとっては若い世代だけど、10年以上一緒にやってきて、なんとか伝わっていったと思うんだよね。リズムの感じとか、教えるすべがなくて、体感するしかないから。それ以外の人たちのことはあまり考えたことがない。一緒にやる人たちには伝えないと思ってるけど。そうしないと、できないので。でもいまの若い音楽好きの人たちは、古い音楽でも客観的に受け止めてるっていうかね。それがすごく楽しみだな。

――2019年に「細野観光」を開催した際には、若い人たちに対して「売れないことで敗北感を植えつけるのは商業主義。音楽主義は違う。そこの君、君はひょっとしてスゴイかもしれない。売れなくてもネ」というメッセージを寄せました。

それは事実だからね。商業主義から始めた世代の人たちは、もう過去のことになっちゃった。まだときどきいるけど。インディーズで自然に出てきたかな、と思わせるような仕掛けを作って出てくる人も多いしね。でも音楽を聴くとわかっちゃう。これは仕掛けがあるなと。だから音楽は嘘をつけないって言ってるんだよね。

――若い世代の音楽家、音楽好きの人たちに対して、希望を失ってないということですか?

うん。実際に身近にいるのでね、そういう人たちが。孫もそうだし、スタジオを訪ねてきたある学生さんは、僕と同じものを全部聴いていた。それは僕が教えたわけじゃなくて、勝手に聴いてるんだ。だからびっくりして、つい言っちゃったんだよね、「君は僕の生まれ変わりなんじゃないか」って(笑)。そういう人が出てくるのは驚きだったな。

――若い人たちが自分たちでいいと思ったものを、時代とは無関係に聴いている気がします。そこにはなにか、捨てたものじゃないと思わせるものがありますよね。

そうそう。はっぴいえんどなんてそういうバンドだったからね、もともと。二十歳そこそこだったから。それで誰が聴いてるのかわからないアルバムを作って、まるで売れなかった。いまだに残ってるとは思わなかったな、当時は。まあ、かろうじて生きてるうちにまたなにかやらなきゃいけない。枯れてやるのもいいんじゃないかね。

――その年齢に沿った音楽のスタイル、活動の仕方があるのかもしれません。

そうだよね。無理はできないので、それしかできない。いまは聴いてる人がいるっていう確信を持っているので、ちょっと意識しちゃうかもしれないね。『HOCHONO HOUSE』はそうやって作ったんだ。すごく緊張してた。聴かれちゃうと思って(笑)。いままでは放っておかれたから気楽だった。アンビエントの頃は誰も知らなかっただろうし。『エンドレス・トーキング』の頃、イタリア・ジェノバの公園で猫が聴いてたのはすごく覚えてるね(笑)。

※1 **中沢新一**：思想家・人類学者。1985年に細野との共著『観光』(角川書店)を出版。

※2 **大本教**：明治中期、出口なおを教祖として娘婿出口王仁三郎が組織した神道系新宗教「大本」。

※3 **カルロス・カスタネダ**：ペルー生まれの文化人類学者。ヤキ・インディアンの呪術師ドン・ファン・マトゥスの下で学んだシャーマニズムの教えを記した著作シリーズがベストセラーに。

※4 **ヴァン・ダイク・パークス**：アメリカの作曲家、音楽プロデューサー。1973年のはっぴいえんどのアルバム『HAPPY END』にプロデューサー、一部楽曲のアレンジ、演奏で参加した。

※5 **養老孟司**：解剖学者。2003年の著書『バカの壁』(新潮新書)が大ヒット。

※6 **サム・ゲンデル**：LAを拠点に活動するサクソフォニスト/マルチ・インストゥルメンタリスト、プロデューサー、シンガーソングライター。

2019年5月、ニューヨーク公演でのオフショット。

細野晴臣 蔵書

音楽、映画、SF、歴史、宗教、マンガまで。
乱読家・細野の本棚をひもとく。

Roman
Polanski
FLIX 9
一人でもできる
映画の撮り方
HOW TO MAKE A FILM BY YOURSELF
THE SECRET DIARY OF LAURA PALMER
音楽と建築
CINEMA HANDBOOK 2000
シネマハンドブック
黒澤明
黒澤明 vs. ハリウッド
巨匠のメチエ
快楽の漸進的横滑り
私の映画人生60年
キャメラマン一代
宮川一夫
シネマの快楽
映画における記号と意味
Signs and Meaning in the Cinema

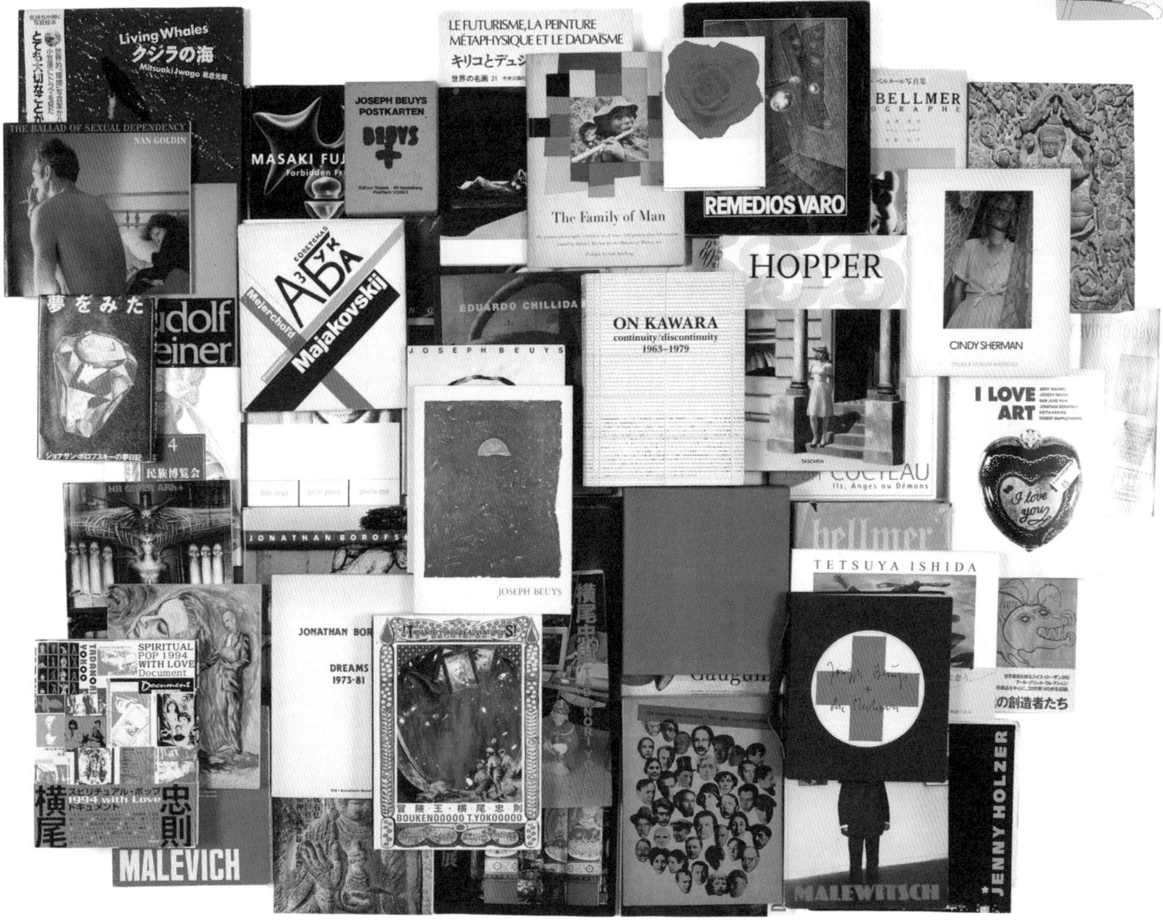
Living Whales
クジラの海
THE BALLAD OF SEXUAL DEPENDENCY
NAN GOLDIN
JOSEPH BEUYS POSTKARTEN
LE FUTURISME, LA PEINTURE MÉTAPHYSIQUE ET LE DADAÏSME
The Family of Man
REMEDIOS VARO
BELLMER
HOPPER
TASCHEN
ON KAWARA
continuity/discontinuity
1963–1979
CINDY SHERMAN
I LOVE ART
Majakovskij
EDUARDO CHILLIDA
JOSEPH BEUYS
夢をみた
民族博覧会
JONATHAN BOROFSKY
DREAMS
1973-81
TETSUYA ISHIDA
冒険王・横尾忠則
BOUKENOOOOO T.YOKOOOOO
スピリチュアル・ポップ
1994 with Love
ドキュメント
横尾忠則
MALEVICH
MALEWITSCH
JENNY HOLZER

mondo music 2
ぼくらのラテン・ミュージック
青木 誠
音楽への憎しみ
パスカル・キニャール　高橋啓＝訳
LA HAINE DE LA MUSIQUE
凶器としての音楽
表現主義音楽再考
監修　船山 隆
宮古民謡工工四
THOSE
A Guide to 50's
Steve
Propes
音楽備品の選び方と
保管のしかた
モータウン、わが
愛と夢
ベリー・ゴーディー著
BERRY
GORDY
TO BE LOVED
モータウンに賭けた
アメリカン・ドリーム
Electronic Music
In The (Lost) World
電子音楽 In The Lost World
柳生すみまろ
映画音楽
その歴史と作曲家
Around the World in 80 days
ROBERT
JOHNSON
BLUES
LYRICS
IN JAPANESE
ロバート・ジョンソン
ブルース歌詞集
音楽の本質と人間の音体験
シュタイナー　待望の音楽論
ジョン・ケージ
小鳥たちのために
音楽・禅・テクノロジー
MAKOTO AYUKAWA
DOS V
どうして
DOS Vなのか？
ブルース
ブラック・パワー
Joel Whitburn's
Pop
Memories
1890-1954
THE HISTORY OF AMERICAN
POPULAR MUSIC
BY
TOSHIKAZU SASAO
JAZZSTORY
LOUIS ARMSTRONG
AND
BILLIE HOLIDAY
WITH
LESTER YOUNG
さあ、ジャズの話をしよう
Les Paul
An American Original
レス・ポール伝
ユリイカ
ワールドミュージック
小澤征爾
武満徹
音楽

世界は音
ナーダ・ブラフマー
J・E・ベーレント著
大島かおり訳
世界は巨大な宇宙的楽器
The Song of Hiawatha
ハイアワサの歌
H. W. Longfellow
H・W・ロングフェロー
インディアン神話の英雄叙事詩初の完訳!
クラーゲス
リズムの本質
サティ ケージ デュシャン
反芸術の透視図
フードゥー・ムーンの下で
THE PENGUIN ENCYCLOPEDIA OF
POPULAR MUSIC
SECOND EDITION
EDITED BY DONALD CLARKE
三木鶏郎回想録
三木鶏郎傑作選 CD
青春と戦争と恋と
ポスト・テクノロジー・ミュージック
ジャズ・アネクドーツ
ビル・クロウ
村上春樹 訳
エリック・サティ
ジャン・コクトー
ミニマル★ミュージック
ロックへの視点
THE STORY OF ROCK
ACOUSTIC SWING
スウィングしなけりゃ意味ないね
脱構築の音楽
CRAZY
ロック・クロニクル Vol.3
1965-1974
ビートルズの時代
ムード音楽
浅井英雄著
WALKING TO NEW ORLEANS
西洋民族の音楽
MUSIC M
ミュージック・

SOLO
GLOBALISM
神々の黄昏
髙野聖
原色鉱石図鑑
三四郎
夜の光
小説神髄

夜の物理学
ジャドウ
無限の創造
THE UFO GUIDEBOOK
人間は死んだらこうなるだろう
ホピ 精霊の台地
オカルト
アースワークス
ホピ 神との契約
釈尊の呼吸法
ヴードゥーの神々
VOODOO
MEDICINE WHEEL
無限の本質 カルロス・カスタネダ
MUSHROOMS
NOSTRADAMUS
アフリカの白い呪術師
全国霊能・心霊家名鑑
サイキック・リーディング
フリーメーソン

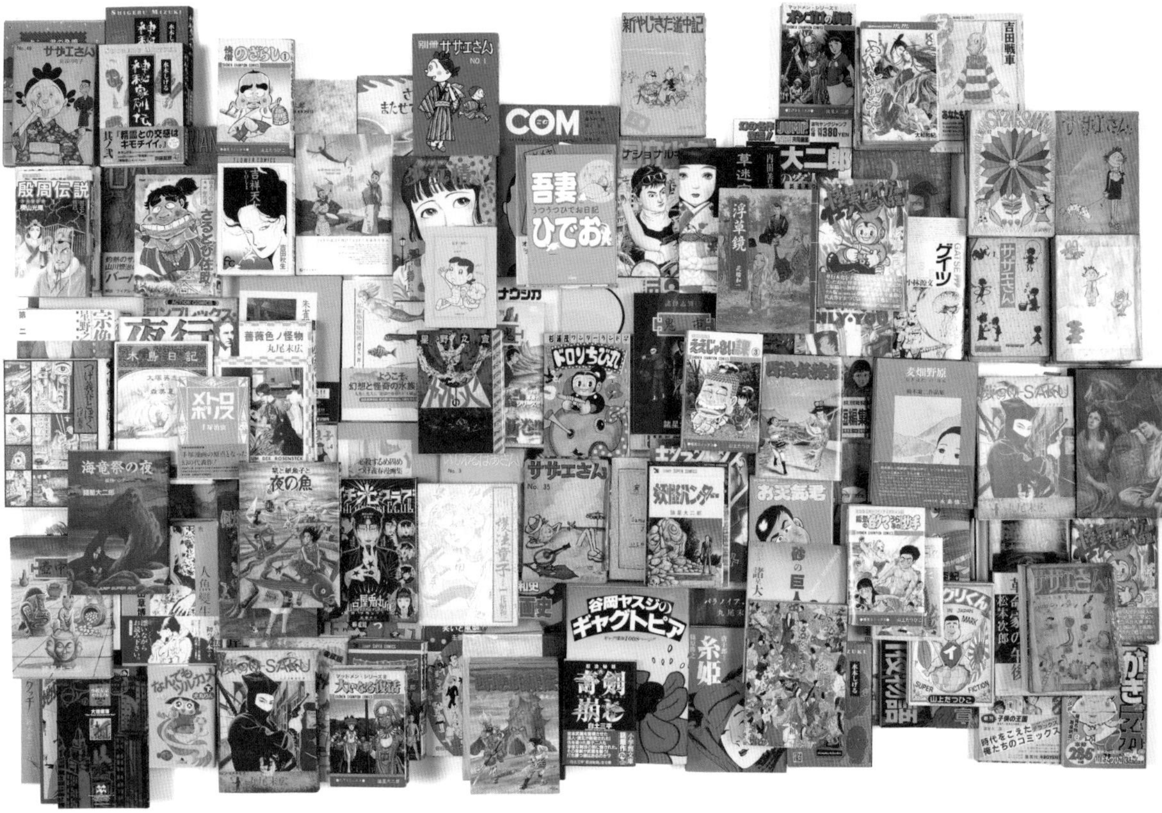
サザエさん
神秘家列伝
COM
吾妻ひでお
殷周伝説
浮草鏡
大二郎
吉田戦車
新やじきた道中記
薔薇色ノ怪物
丸尾末広
メトロポリス
ようこそ幻想と怪奇の水族館
海竜祭の夜
夜の魚
妖怪ハンター
麦畑野原
谷岡ヤスジのギャグトピア
糸姫
時代をこえた俺たちのコミックス

日常佛教語
神から翁へ
神道と共に生きて
一休
一日一禅
憑霊信仰論
小松和彦
江戸の媚薬術
渡辺信一郎
バイオコンピュータとLSD
縄文の巫女の道
謎のカタカムナ文明
日本神話の謎
お手本をなぞって簡単に書けるご利益霊符集
SANKEI BOOKS
津軽古代王国の謎
佐藤有文
科学の終焉
ジョン・ホーガン
朝鮮の建築と文化
シャーマンの世界
LECTURE BOOKS
地球の尻尾を掴む
朴炳植
日本原記
坂東三十三所観音巡礼
謎と伝説
熊野の
続西洋歴史奇譚
神棲む森の思想
日本の神様を知る事典
古事記
古神道の本
ヒマラヤ聖者の生活探究
密教思想の真理
神々の闘争
折口信夫論
安藤礼二
死者の書
みっともない人体
量子のミステリー
Boojums All The Way Through
秦氏とその民
加藤清
鎌田東二
霊性の時代
サンスクリットの基礎と実践
夢事典
TRAUMSYMBOLE
謎の神代文字
エジプトの神々
計画の科学
量子力学の奇妙なところが思ったほど奇妙でないわけ
物理学という怪しいドラマ
BLUE BACKS

プライベート・スタジオ「Daisy Bell」

細野のプライベート・スタジオ
「Daisy Bell」に保管されて
（転がって?）いたさまざまなモノたち。

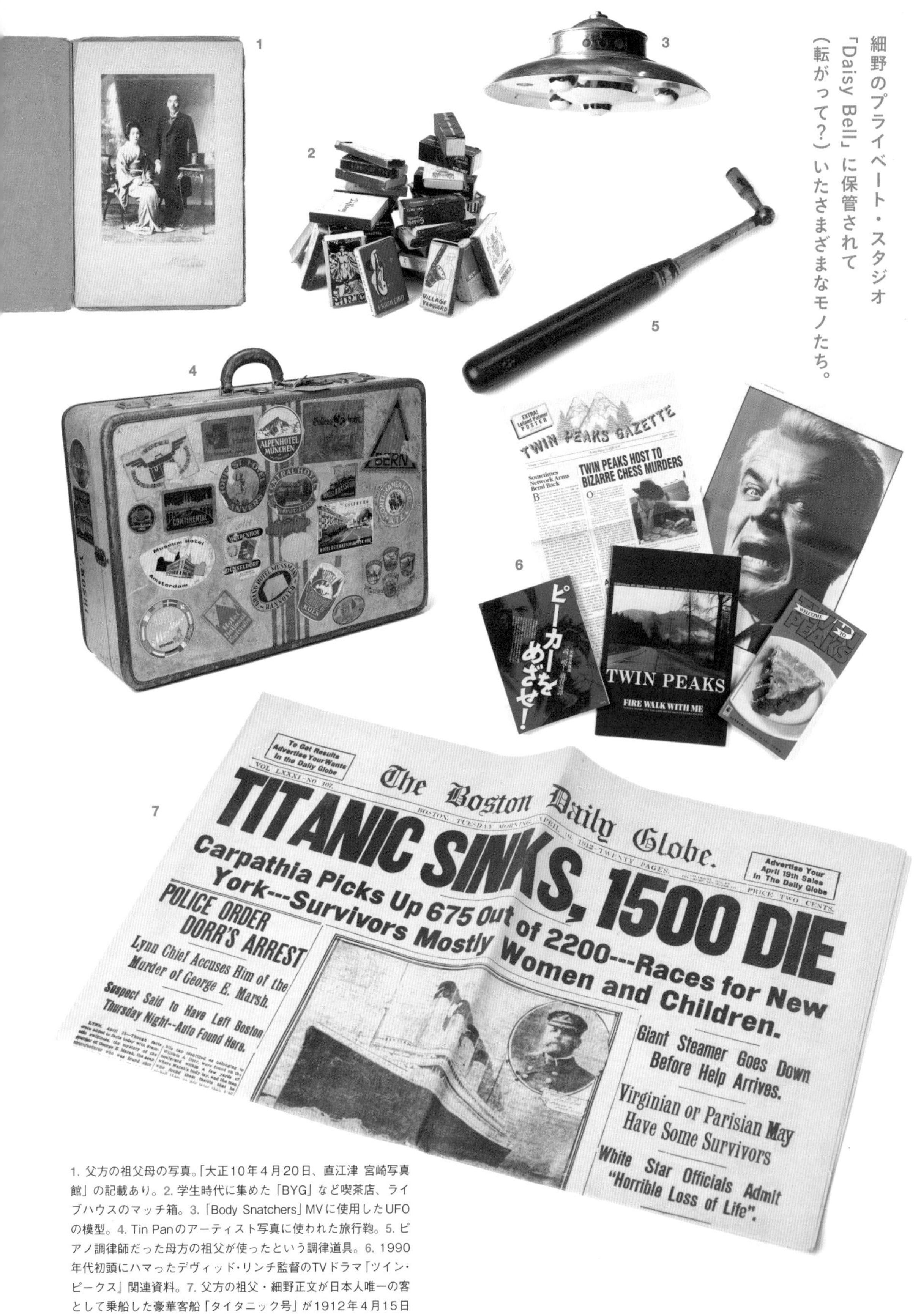

To Get Results Advertise Your Wants in the Daily Globe

The Boston Daily Globe.

TITANIC SINKS, 1500 DIE

Carpathia Picks Up 675 Out of 2200---Races for New York---Survivors Mostly Women and Children.

POLICE ORDER DORR'S ARREST

Lynn Chief Accuses Him of the Murder of George E. Marsh.

Suspect Said to Have Left Boston Thursday Night--Auto Found Here.

Advertise Your April 19th Sales In The Daily Globe

PRICE TWO CENTS.

Giant Steamer Goes Down Before Help Arrives.

Virginian or Parisian May Have Some Survivors

White Star Officials Admit "Horrible Loss of Life".

1. 父方の祖父母の写真。「大正10年4月20日、直江津 宮崎写真館」の記載あり。2. 学生時代に集めた「BYG」など喫茶店、ライブハウスのマッチ箱。3.「Body Snatchers」MVに使用したUFOの模型。4. Tin Panのアーティスト写真に使われた旅行鞄。5. ピアノ調律師だった母方の祖父が使ったという調律道具。6. 1990年代初頭にハマったデヴィッド・リンチ監督のTVドラマ『ツイン・ピークス』関連資料。7. 父方の祖父・細野正文が日本人唯一の客として乗船した豪華客船「タイタニック号」が1912年4月15日に沈没したことを伝える「ボストン・デイリー・グローヴ」紙。

細野晴臣 創作ノート

制作におけるアイデアやスケッチ、楽譜などを記した膨大なノート、メモ帖などから一部を公開。

1972年、はっぴいえんど『HAPPY END』レコーディングで訪れたロサンゼルス・サンセット・スタジオのメモに書かれた「風来坊」歌詞の一部

Sunset Sound
6650 SUNSET BOULEVARD
HOLLYWOOD / CA 90028
PHONE (213) 469-1186

BILL ROBINSON
engineering director

GYPSY BELEW
general manager

JOHN SAUNDERS
traffic manager

ED BUCHER
controller

ふーわり ふら ふら ふーらいぼー ふーらいぼー
いつまでたっても ふーらいぼー ふーらいぼー
ふらいぼー
(ふーらいぼー, ふーらいぼー ・・・)

DONALD "DUCK" DUNN — RITA COOLIDGE
CALVIN "FUZZY" SAMUELS — STEVE STILLS. RITA COOLIDGE, MANASAS
ROBERT McGUFFIE — TONY JOE WHITE memphis
TOMMY McCLURE — " "
RUSSEL GEORGE — MARY TRAVERS
DENNIS PENDRITH — MURRAY McCLAUGHLAN
SKIP OLSON
BILLY WOLF } JACK BONUS
EDDIE ADAMS
RICHARD CHNIS — JOHN DENVER
BERNIE LEADON — DILLARDS では 一回 BASSをひいて参加.
MAX BENNET — MICHAEL NESMITH で SESSION. 有名らん? SCOT McKENZIE
JOHN LONDON — MIKE NESMITH, FIRST NATIONAL BAND の MEMBER. JAMES TAYLOR,
BRYAN GALOFALLO — JOHN STEWART. with RUSS KUNKEL. BRYAN HIGHLAND.
TOMMY COGBILL — MEMPHIS. ALIF MARDINの手下? DUSTY SPRINGFIELD
~~CHUCK DOMANICO~~
COLIN CAMERON — SCOT MACKENZIE, JOHN HARTFORD. Nashville.
RANDY SCRUGGS — JOHN HARTFORD.
RICK HAYNS — GORDON LIGHTFOOT
JOHN STOCKFISH — " のデビューLP.
BILLY TALBOT — NEIL YOUNG. CRAZY HORSE
ROBERT POPWELL — LIVINGSTON TAYLOR
CHARLES HAYWARD — ALEX TAYLOR
WAYNE PERKINS — "
JONNY SANDLIN — " 1枚のみ. 本来ドラマー. ENGINEER PRODUCER. HOUR GRASS出身
JAMES ROLLESTON — TOM RUSH / MERRIMAC COUNTY.
DAVID BURDWELL — TOM RUSH / CBS 1枚目.
RONNIE BAKER — LAURA NYRO. LENNY PAKULAの一門
BOB BUSHNELL
JOE MACK } ERIC ANDERSEN.
STEVE ANANDER
LAWRENCE KNECHTEL — MASON WILLIAMS. 本来は KEYBORAD. LARRY KNECHTELのこと. JACK NITZSCHEの一門
LYLE RITZ — MASON WILLIAMS.
STEPHEN LA FEVER — CHAD & JERREMY
CHARLIE DANIELS — DYLAN / New Morning. NASHVILLE SKYLINE
HARVEY GOLDSTEIN — DYLAN / HIGHWAY 61 REVISITED.
TIRAN PORTER — DOOBIE BROS.
BUFFALO BRUCE BARLOW — COMMANDER CODY & THE LOST PLANET AIRMEN
KEITH ALLISON
RAY POHLMAN } SPRING BRIAN WILSON
JESSE WILLARD CARR — HOUR GRASS

(A)　ー好み
(B)
(C)
● ー バンドに所属

BASSIST

CHUCK RAINEY(黒)
DAVID HOOD(黒) マッスル・ショールズ. ロジャー・ホーキンズとのコンビ. JO TEX など　ALIF MARDIN JOHN SIMON LAURA NYRO.
LOUIS JOHNSON(黒) BILLY PRESTON
JAMES ALEXANDER(黒) ISAC HAYES, The MOVEMNT
JOE OSBORNE :
BOBY WEST　MASON WILLIAMS. BUFFALO, JAMES TAYLOR, MERRY CLAYTON
RICK DANKO　THE HAWKS ~ THE BAND
● RANDY MEISNER　POCO ~ EAGLES JAMES TAYLOR.
LARRY TAYLOR　MONKEES' SESSION, CANNED HEAT, JOHN MAYALL
JIM FIELDER　'BUFFALO, B.S&T
BOB MOSELEY　'GRAPE
CHRIS EARTHRIGE　JUDY COLLINS ~ FLYING BURRITO; ~ RY COODER ~ 他 多数
GREGG REEVES(黒)　MOTOWN ~ C.S.N&Y ~ ALEX TAYLOR ~ 現在不明
WILTON FELDER(黒)　MERRY CLAYTON. PAUL HAMPHLEY と一緒
CHARLES LARKEY　ORIGINAL FLYING MACHINE? ~ CAROL KING (CITY) ~ JO MAMA ~ 他.
LEE SKLAR　JAMES TAYLOR ~ THE SECTION
FELIX PAPALARDI　PRODUER. FRED NEIL ~ MOUNTAIN
JERRY BURNHAM　5th AVENUE BAND ~ QUINAMES BAND 他
BRIAN WILLSON　初期の BEACH BOYS
NOBERT PUTNAHM　ナッシュビル. AREA CODE 615. JOHN STEWART 他.
WAYNE MOSS　ギターも上手い. PRODUCER. ENGINEER. BAREFOOT JERRY. ALEX HARVEY
STUART SCHULMAN　JONATHAN EDWARDS　BOSTON
JERRY SCHEFF　JAMES HENDRIX. MARC BENNO. PRESLEY
~~LEONARD ARNOLD~~
GARY NUNN　MICHAEL MURPHEY
ROBERT LIVINGSTON　"
KIRK HAMILTON　BARRY MANN
JEAN MILLINGSTON　JOHN SIMON
HARVEY BROOKS　ELECTRIC FLAG. SUPER SESSION. KAREN DALTON, JOHN SIMON
CARL RADDLE　LEON RUSSEL. JOE COCKER. RITA COORIDGE, JOHN SIMON, MARC BENNO
RICHARD DAVIS　JOHN SIMON (GRADY TATE と一緒)
ARNIE MOOR -　CHRIS DARROW. HOYT AXTON. JOHN STEWART
RANDY STERLING　ALEX HARVEY
DAVID JACKSON　" → HOYT AXTON では PIANO をひいてる. → DILLARDS の BASSIST
JOE ALLEN　"
● LONNIE TURNER　DAVE MASON 元. STEVE MILLER BAND

『HOSONO HOUSE』レコーディング時期に書かれたメモ類（226p ～ 233p）。ミュージシャンのリストや相関図、また狭山の自宅スタジオの間取り図も

HOME MADE STUDIO. I

2 channel 4 track Tape Recorder
SONY SOUND on Sound --- 1

25 cm DOUBLE CONE SPEAKER
PIONEER × 2 CHRISLER × 2

AMPREFIRER
TRIO 1
SANSUI 1

RECORD PLAYER
NEAT × 2
ZONOPHONE × 1

MUSICAL AMP. .... 1 (YAMAHA)

---

2 CHANNEL 2 TRACK TAPE RECORDER --- 1
¥ 30,000

MICRONEN (DYNAMIC)
SONY ¥ 10,000 × 5

MIXING BOARD
SONY ¥ 20,000

MIC. STAND × 5

OPTIONAL CORDS .... IPPAI

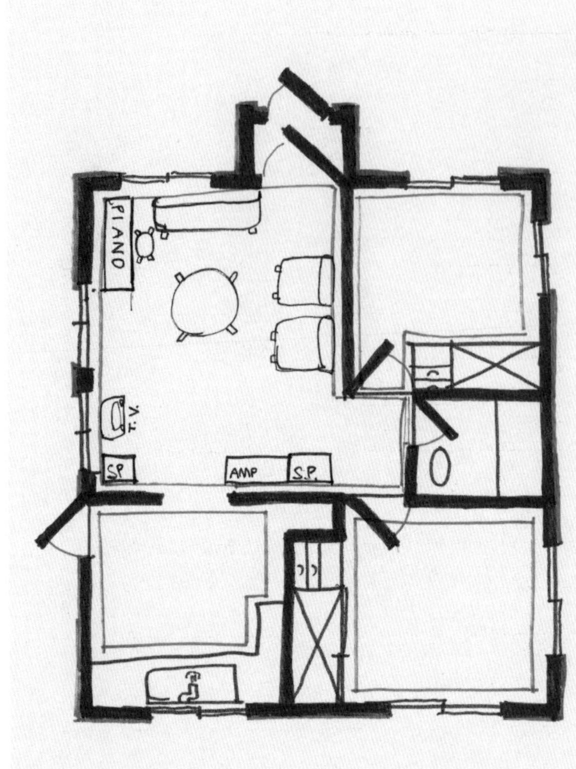

DRUMMER

HAL BLAINE 5th Dimention, MAMA&PAPAS, RICHARD HARRIS
• JIM GORDON ハリウッド・他
• RUSS KUNKEL ハリウッド TAYLOR, P.WILLIAMS, MIMI FARINA, BLYAN HYRAND
• JIM KELTNER ハリウッド
• KEN BUTTREY ナッシュビル
• BERNARD PURDIE チャック・レイニー・コーリション・アレサ・フランクリン・トム・ラッシュ(エレクトラ時代)
• HERB LOVELL 〃 エリック・アンダーセン、トム・ラッシュ ゴードン・ライトフット ボ・グラムパス
• DALLAS TAYLOR クリアライト出身、ハリウッド、CSN&Y ~ OHIO KNOX ~ マナサス ~ セッションマン
BISHOP O'BRIEN オリジナル・フライングマシーン、~ アップル(J.テーラー) ~ ジョーママ ~ キャロル・キング 他、
• PAUL HUMPHREY(黒) MERRY CLAYTON ソロ・アルバム
○ RON TUTT JAMES HENDRIXの最新バン、マイクネスミスの ネバダファイター プレスリー、ジョン・スチュワート
LARRY BUNKER(黒) JIMMY WITHERSPOON
EARL PALMAR JIMMY WITHERSPOON TeenBeat 古い人
SANDY NELSON 下手くソ
~~(JIM CAPALDI)~~
JOHN GUERIN SPRING. BRIAN WILSON 関係
BOBBY SANDLER AL GORGONI & CHIP YOUNG
BUDDY SALTZMAN 〃
KARL HIMMEL MIKE MURPHY マザー・アースのドラマー
RICHARD ADLMAN JONATHAN EDWARDS. ボストンの人!
GARY MALLABER TOM RUSH最新LP. ジーン・クラークのソロLP.
JOHN SAVAGE 〃
JOHN SEITER PETER GALLWAY ソロLP
ALLAN SCHWARTSBERG BARRY MANNのソロLP
ALICE DEBohr JOHN SIMONのソロLP
WELLS KELLY 〃
RODGER HAWKINS(黒) マッスル・ショールズ(メンフィス)・ジョン・サイモンのソロLP. LAURA NYRO ARIF MARDIN
GRADY TATE JAZZドラマー、JIMMY SMITH 〃
BRUCE ROWLANDS グリン・ジョーンズ関係、ギャラガーとライルのLP.
JOEL LARSON LEE MICHAELSの5th
FROSTY 〃 のバレル. SWEAT HOG
MIKE CANNON HOYT AXTON. ベースはアーニー・ムーア
JOHN WARE 〃 〃 マイク・ネスミスのナショナルバンドのドラマー
"DR." RICK JAEGER DAVE MASON/ハードキャパー JIM GORDONと同じという説アリ
SAMMY CREASON TONY JOE WHITE
JAY TEIFER — MURRY McLAUGHLAN CANADA

TONY SMITH JACK BONUS
ANDY LIFLAND 〃
GLENN CRONKHITE 〃
JACK DORSEY 〃
GARY CHESTER JOHN DENVER. LAURA NYRO/N.Y.テンダベリー
MICKEY McGEE CHRIS DARROW → Arnie Moorと一緒.
JON CORNEAL DILLARDS & CLARK. FLYING BURRITO BROS. → ALEX HARVEY
DENNIS ST. JOHN BRIAN HYLANDのLP HY-SHANに属す? SPOONER OLDHAM セッションマン
GENE CHRISMAN MEMPHIS. アリフ・マーディンのサン下. DUSTY SPRINGFIELD
MAC ELSENSOHN スコット・マッケンジーのLP. ナッシュビルの人? ~~ルーアドラーのサン下?~~ ジョン・ハートフォード
DENNIS SIEWELL KAREN DALTONのLP ハーヴェイ・ブルックスが集めた
GREGG THOMAS 〃
DENNIS WHITTED 〃
RALPH MORINA NEIL YOUNG クレージー・ホースのドラム
CONRAD ISEDOR STEVE STILLS
JOHN BARBATA 〃 元. タートルズ → SEEMON & MARIJKE・セッション
JOHNNY SANDLIN LIV. TAYLORのLP. 元. HOUR GRASS ハリウッド → メイコン(ジョージア) → ALEX TAYLORのプロデューサー カプリコーン
BILL STEWART 〃 & ALEX TAYLOR カプリコーン
LOU MULLENIX ALEX TAYLOR
JIM HELMER GAMBLE & HUFFのサン下. TOM BELL or LENNY PAKULA. LAURA NYROのゴナ・テーク・ア・ミラクル.
DINO DANETTI. LAURA NYRO. ラスカルズのドラマー with CHUCK RAINEY
AL ROGERS ERIC ANDERSEN
BOBBY GREGG 〃 DYLAN./HIGHWAY 61
NICK GEFROH 〃 with BRUCE LANGHORN
EDDIE HOE SUPER SESSION 元 M.F.Qの一員 FLYING BURRITO BROS.
BILL MUNDI FRED NEIL, DYLAN. → RHINOCEROSのドラマー
JAMES CADSON BILL WITHERS
RICKY FATAAR(黒) BEACH BOYS. 元 FLAMEのドラム
ED GREEN ママ・パパのPEOPLE LIKE US

HOSONO HOUSE

ひき方を真似したんだよ。
Jim Fielder (Buff1o, B,S&T) ジャズっポイ進行には学ぶことがあるよ。軽くて好きだよ。
Richard Manuel (Band) いちばんゆにーくだよ。カッティングや、コードのとり方影響されたよ。
Bob Mosley (Moby Grape) ベースの持ち方、ひき方も教わった人だよ。
Phil Lesh (Grateful Dead) 音の流れがいちばんゆにーくだよ。僕のベースの音がよく動くのはこの人のせいだよ。
Harvey Brooks (E, Flag. Dylan etc) フェンダーの音をいちばん良く出しているんだよ。きれいでなおれはマネできないよ。
Joe Osborne (5 Dimension, Simon & Garfunkel) ドラマティックなフレーズネ。古くから影響されたんだよ。
Leland Sklar (James Taylor) ● いちばん好きだよ。今の僕のと似てるよ。
Charles Larkey (Jo Mama) やっぱし最近の人で僕と同じひき方だよ。
Boby West (Buffalo, James Taylor etc) ブルーバードのベースには影響されたよ
Norbert Putnum (Dylan, Area Code 615) 僕のフレーズも彼のフレーズも同じのがいっぱいでてくるよ。マンネリかなだよ。
Blues Parmer (Buffalo) 最も影響されたひとりだよ。ドラララ ラ〜はこの人からだよ。
Ken Kobrun (Buffalo)
Jerry Burnham (5 Avenue Band)
Jack Cassady (Airplane) フィルフッシュのもとみたいな人だよ。一時影響されたよ。
(Zeppeline) 音は好きじゃないよ 軽いとこがいいよ。テクニックはうまいよ。
(Tom Rush)
(Three Dog Night) R&B色の濃いところがいいよ。
(Steppen Wolf) すごーくまねした時もあったよ。
(Canned Heat) 音の出し方や、ひき方に共感をおぼえるよ。

Ron Carter
Haruomi Hosono (Happy End)
Stephen Stills これ人のやりたいことはよーくわかっちゃうよ。
Gregory Reeves スティーブスティルスの子供みたいよ。
(Jackson 5) 今、こういうベースをひきたいよ。

Chris Eeorthridge (Flying Burrito Bros.) ドラララーはブルーパーマーの次にひいたんだよ。

Guitarlist

Jimi Hendrix 天才!
Stephen Stills えらい!
Jerry Miller いちばんゆにーく!
Neil Young 個性的!
Danny Coochmar うまい!
Jerry Garcia さすが!
Jeff Beck 鬼才!
Eric Clapton 名人!
Steve Miller アニキ!
Jorma Corkanen (Airplane) ドラマティーク!
Mike Bloomfield 才人!
B.B. King 元祖!
David Bromberg (Dylan etc.) 秀才!
Shigeru Suzuki (Happy End) 日本一!

James Taylor なるほど
Paul Simon まいった
Bert Jansh いや
Joni Mitchell どーした
Alexand Skip Spence イイネー
Doc Watson ソーカ
Jerry Reed ナニ
Fred Neil ソレデ?

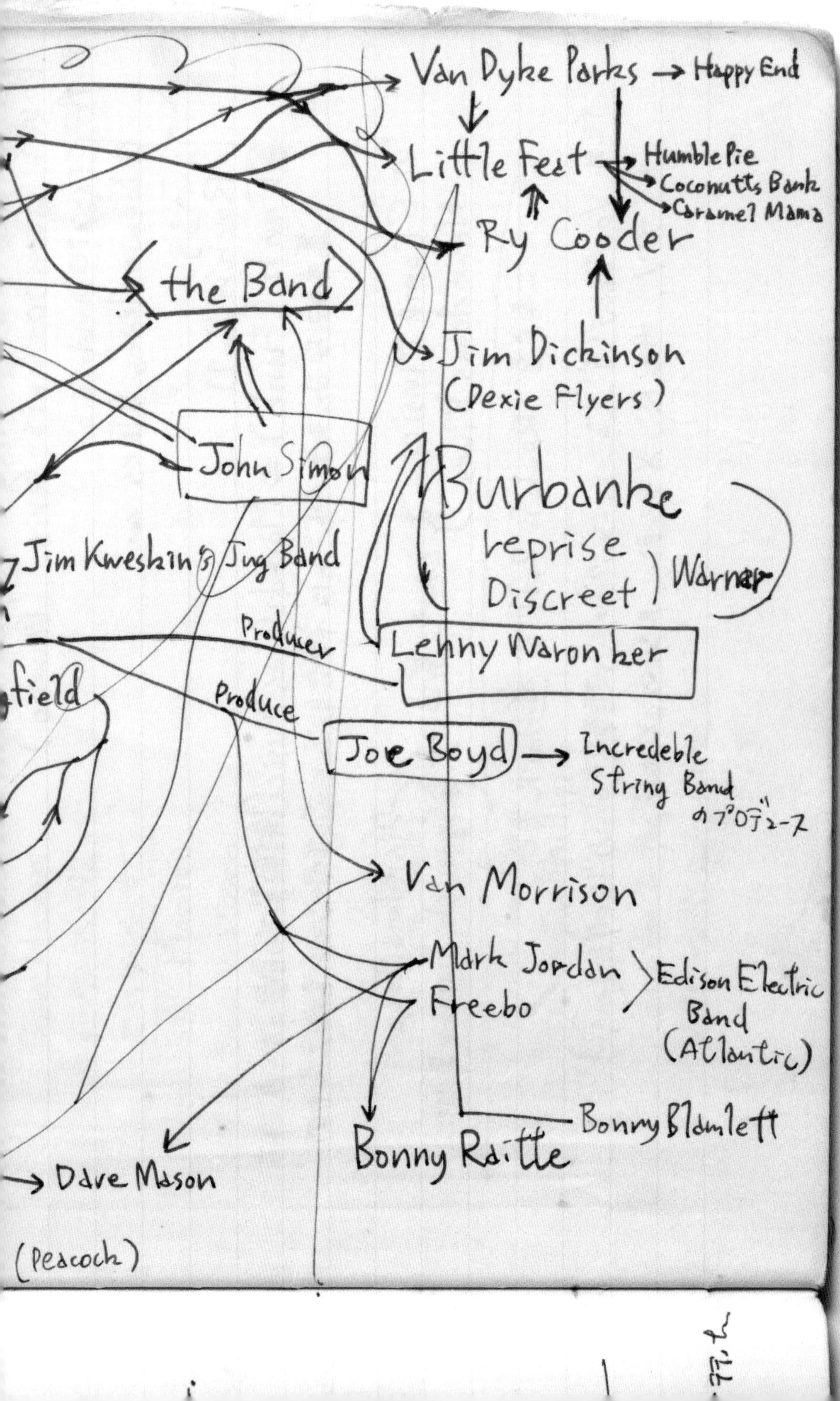

Van Dyke Parks → Happy End

Little Feet → Humble Pie → Coconutts Bank → Caramel Mama

Ry Cooder

the Band

Jim Dickinson
(Dexie Flyers)

John Simon

Burbanke
reprise
Discreet
) Warner

Jim Kweskin's Jug Band

Producer

Lenny Waronker

field

Produce

Joe Boyd → Incredeble String Band
のプロデューサー

Van Morrison

Mark Jordan
Freebo
} Edison Electric Band (Atlantic)

Bonny Bramlett

Bonny Raitte

→ Dave Mason

(Peacock)

Ray Charles
New Orleans ← Calipso. Reggae
〈Proffessor Long Hair〉
Pointer Sisters
Allen Toussoint → Lee Dorsey
内下佳
Fats Domino
Huey Smith
Atco ~ Atlantic
Ace. king
Imperial
Duke. ABC
Bears Vill
Albert Grossman warn
〈BETTER DAYS〉
Hungry Chuc
P. Butterfield
Geoff Muldaur
Great Speckle
Dr. John
(Mac Rebennack)
New Orleans
Amos Garrett
Geoff & Mari
Ronnie Barron
Bill
Maria (Damart) Muldaur
New orlens
Bobby Charles
Buffalo
Fats Domino
Charles Green
Sonny Bon
Neworlens
Steven S
Jerry Wexller
Eurmet Artigum
the Meters
John Hall
〈the Orleans〉
wellskelly
Alabam. Memphis
〈Mussle Shorles〉
Bozz Scuggs
Lonnie Turner
Roger Hawkins
Steve Miller
Paul Simon
Dixie Hummingb

NewOrleans しめくくり編.

※歴史

ルイジアナ州 → フランス領であった.
フランス王, ルイ14世の名にちなむ.
NewOrleans → フランスの町 Orleans (オルレアン) が元になる.

18世紀後半 → フレンチ・インディアン戦争. 1755～1763
英対仏の戦争で英の勝利 スペインにルイジアナ西部とられる
1776 → アメリカ独立宣言. 合衆国誕生
1789 → フランス,革命. ルイ王朝ほろびる.
1799 → ナポレオン政権
ナポレオンはスペインから再びルイジアナ西部をとりかえす
~~合衆国~~.
「ルイジアナ購入」1803
合衆国がナポレオンから1500万ドルでルイジアナを買いとる.
NewOrleansは重要な地であった
輸入経路
※大統領. トマス・ジェファーソンの手紙 → (原典 アメリカ史 才3巻 参照)
1812 ニューオリンズの戦い.(ジョニー・ホートンの唄, ジミー・ドリフトウッド作曲)
イギリス対USA. イギリスの植民地戦争.
まっさきにニューオリンズを攻める.
※バール・アイヴス著「テイルズ・オブ・アメリカ」の中のニューオリンズ物語
ルイジアナの元フランス人の住民がアメリカ国民としてのナショナリズムにめざめる.

※地理

Lake Pontchartrain
1 2 3 MILES
West End
CITY PARK
Spanish Fort
MILNEBURG
METAIRIE
N.O. Country CLUB
CANAL
FAIRGDS
VIEUX CARRÉ
CHALMETTE
Mississippi RIVER
CARROLLTON AVE.
TULANE AVE.
CLAIBORNE AVE
ST. Charles AVE
WEST WEGO
WAGGEMAN
ALGIERS
McDONOGHVILLE
GRETNA
HARVEY
MARRERO

NewOrleansの古い地図
斜線の部分が NewOrleans

・19世紀初頭のN.Oの街並 (バール・アイヴスの表現)
・中世の街の様. ミシシッピー河が曲折している地点をしめる町
・河に面していない側には12mの幅, 2mの深さの堀で守られている.
・町には4つの門があり, 夜は閉まっていた(門番が立っている)
・町の内側の建物 → フランス又はスペイン風 又は両者の折衷様式
・街路は縦横に走る. しかし粗末な道.
・沼の多い土地 → ぬかるみがひどい → 上流の婦人は道を歩こうとしない。
・人口 → 2万5千人
・人種. → クレオール, スペイン系, 東部の白人, ニグロの奴レイと自由民, その混血

Samuel Charters氏の発言.
今でも様々な面でエキゾチック。都会だけアメリカ化されている.
それはロマンチックな過去の名残りがある.
フランス系, スペイン系の地区 / アメリカン・ガーデン・ディストリクト
とがそれぞれのオリジナルな魅力を保っている.
多くの老人はフランス語を話し, カソリックがそのラテン的背景を強調している.
(Folkways Record "NewOrleansの音楽"の解説)

Henry クーメン著「ニューオリンズの音楽—その形成期1791～1841」
(ルイジアナ州立大学出版部)
「19世紀のN.Oはアメリカで最も音楽的な街であった
街頭の物売りの唄. オペラ ダンス音楽, 交響曲のコンサート
この頃のN.Oにおけるオペラの歴史 ≒ アメリカのオペラ史であるといえる程」

※クレオールについて. (クリオールともいう)
もともとの意味 → 新大陸生まれのフランス人, スペイン人を指した.
N.Oでは → フランス人の男と黒人の女との混血
クレオール・オヴ・カラーのこと.
・混血児. とくに皮ふの色が薄い人のことを呼ぶ
⊙クレオール → 都市のフランス系黒人. アメリカンニグロを軽べつ(田舎っぺあつかい
ケイジャン → 田舎のフランス語をしゃべる人
※ニューオリンズ子かイナカっぺか. プライドある.
◎インディアンとの関係.
未解答. マルディグラ(カーニバルの最終日)で
インディアンの衣装でパレード.

上／ニューオリンズ音楽についての研究メモ　下／数多くの謎めいたメモのひとつ「チャーハンの会話」と「本格的なラーメンとの対話」

チャーハンの会話.

(1)

A「おいしいチャーハンはうまいねー」
B「うん。チャーハンはさめないうちが熱いんだよね」
A「そうそう。だから熱いうちに食べないと、さめることがあるよ」
B「だって、そうなるとまずいチャーハンはおいしくないもの」
二人「おいしいチャーハンほど味がいいねー」

(2)

ブタさん「おいしいチャーハンはうまいねー」
ひつじさん 杉乾カ「それはねえ、みんなが"うまいっ!"と思う程、おいしいと言われるんだよ。…でもチャーハンってさめないうちが熱くておいしいんだよね」
ブタさん「そうそう。だから熱いうちに食べないとさめることがあるよ」
ひつじさん 杉乾カ「うん。だってそうなると、まずいチャーハンほどおいしくないもの」
二人で「おいしいチャーハンほど味がいいねー」

本格的なラーメンとの対話

私は概ね日本的にアレンジされたものが好きでして，幼少の頃に食べた不二屋のハンバーグや東光ストアのホットケーキなんかに味覚を培われた結果であろうと思います。ムロン，ラーメンなんかも正油味にしか興味がなくて，誰かが「あそこのラーメンは本格的で旨いヨ」というのを信じて行ってみると，大抵の場合は本格的なラードたっぷりの白いつゆであったりして，「本格的」なものに感心できない自分はきっと本格的な人間ではないのだろうと疑った事もありました。しかし，その様な不安はイタリアでスパゲッティーを食べた時と，ハワイの中華街で食べた白いつゆのラーメンによって解消されたのでした。かつて培われた自身の味覚に何ら抵抗を示さなかったばかりか，「コレハウマイ」と感激した程です。それと共，ラーメンとスパゲッティに関しては本格的なものに悠々としかもリラックスして応対している自分に本格的な人間性を見出しているわけです。

というわけで、

最初のシングルは、マアティン・デニーのオリジナル作品を、シンセサイザーを使用した
エレクトトリック・チャンキー・ディスコとしてアレンジした"ファイア・クラッカー"に決定！

A面に9分代のLONG VERSION，B面には3分強のAM・RADIO用をCUTTING.
そして最もナウ(ニャウに近い発音)な、45回転L.Pとして本邦から初の
世界的大ヒットを自信を持ってネラッちゃうのであります。

目標，400万枚

記念すべき日でありますので、ここにサインをばいたします。
1978年、昭和53年、馬年、山羊の星座の年、2月19日～20日、深夜
白金の団地のコタツの中にて… Harry Hosono.

1978年2月19日、坂本龍一と高橋幸宏とのセッションの後、自宅に2人を招いた細野が、YMOの構想を伝えるために見せた伝説の自筆ノート

No.
C
G△7 · F#
B− · D7/A
G△7 · F#
B− E−7 · A
②
G△7 · F#
B− · D7/A
G△7 · F#
F6
E−7(9)
G/A · G−/A
D△7
B−7
⊕①②
E−7
G/A · G−/A
D−9
TACT
D.S
D
D−7 · B−7 G△7
E−7 A/F#
D.S②
②
D−7 · B−7 · G△7
E−7 · A7(b9)
D△7

MM = 90 ~ 93

風の谷のナウシカ

10. DEC. 1983

No.

〈メッセージ〉

バッファローも
モビーグレープも
商業的成功は得られなかったが、
ぼくの音楽の大事な先生である。
ぼくのみならず、その後70年代に生まれた
ロックの全てのヒナ形であった。

そして はっぴいえんども ビジネスとは反対の所で
うごめいていたが、たった2年の活動が
今でも ひびいている。

売れないことで敗北感を受けつけるのは商業主義。
音楽主義は ちがう。
そこの君、君はひょっとしてスゴイかもしれない。
売れなくてもね。

写真提供

dazi et dazie／帯表, 6p, 205p, 207p, 215p

野上眞宏／表紙裏、21p, 30-31p, 34-35p, 38-39p, 47p, 48-49p, 57p, 164p, 182p

郡川正次／カバー表袖

桑本正士／表紙表, 58p, 64p, 106p, 111p, 121p

飯田雅裕／4-5p, 198-199p

井出情児／29p

迫水正一／62 - 63p

中本佳材／79p

三浦憲治／81p, 89p, 90-91p, 112-113p, 138p, 170-171p, 192p

鋤田正義／82p, 86-87p, 99p, 105p, 178p

安珠／124p

佐藤奈々子／142-143p

岡田 崇／177p

松崎 薫／194p

東京シティビュー／200-201p

関口佳代／210-211p

三部正博／222 - 223p

アイテム撮影

古川裕也、佐藤正崇、小山幸佑（朝日新聞出版）

図版提供

エイベックス・エンタテインメント／キングレコード／commmons／
ソニー・ミュージック／テイチクエンタテインメント／日本クラウン／
日本コロムビア／ビクターエンタテインメント／ポニーキャニオン／
ヤマハミュージックコミュニケーションズ／ユニバーサル ミュージック／
ワーナーミュージック・ジャパン

細野晴臣デビュー50周年記念展

「細野観光1969 - 2021」

主催・企画・制作：「細野観光1969-2021」実行委員会

（朝日新聞社、キョードーグループ、乃村工藝社、LIVE FORWARD）

会場デザイン：ドットアーキテクツ

運営：キョードーグループ

企画・制作・監修：ミディアム

細野晴臣デビュー50周年記念展

「細野観光1969 - 2019」

主催：森アーツセンター、朝日新聞社

企画・制作：片岡真実、髙木ゆみ、戸澤麗美、

飯岡睦、永井研吏、矢野紘輔（森美術館）

飯田雅裕（朝日新聞社）

会場デザイン：稲木宏光（森美術館）

運営：森美術館

監修：ミディアム

製作：細野晴臣デビュー50周年プロジェクト

飯田雅裕、佐渡岳利、井上寛亮、門間雄介、朝日新聞社、ミディアム

細野観光 1969 - 2021
細野晴臣デビュー50周年記念展
オフィシャルカタログ
2021年11月30日　第1刷発行

編集　井出幸亮

執筆　門間雄介／8p, 11p, 20p, 23p, 50～55p, 59p, 80p, 83p,
100～104p, 107p, 150～162p, 165p, 205～215p

アートディレクション　峯崎ノリテル（(STUDIO)）

デザイン　正能幸介（(STUDIO)）

編者　細野晴臣デビュー50周年プロジェクト
発行者　三宮博信
発行所　朝日新聞出版
〒104 - 8011　東京都中央区築地5 - 3 - 2
電話　03 - 5541 - 8832（編集）　03 - 5540 - 7793（販売）

印刷製本　シナノ パブリッシング プレス

Published in Japan by Asahi Shimbun Publications Inc.
ISBN978-4-02-251802-6

定価はカバーに表示してあります。